"前孙子者，孙子不遗；后孙子者，不遗孙子。"

孙子兵法谋略理论在警务实战中的应用研究

刘志勇 ◎ 著

APPLICATION RESEARCH OF
THE ART OF WAR STRATEGY
THEORY IN POLICING-OPERATION

北京理工大学出版社
BEIJING INSTITUTE OF TECHNOLOGY PRESS

版权专有　侵权必究

图书在版编目（CIP）数据

孙子兵法谋略理论在警务实战中的应用研究 / 刘志勇著. --北京：北京理工大学出版社，2021.9
　ISBN 978-7-5763-0335-3

Ⅰ．①孙⋯　Ⅱ．①刘⋯　Ⅲ．①《孙子兵法》–应用–警察–工作　Ⅳ．①D631

中国版本图书馆 CIP 数据核字（2021）第 187981 号

出版发行 /	北京理工大学出版社有限责任公司
社　　址 /	北京市海淀区中关村南大街 5 号
邮　　编 /	100081
电　　话 /	（010）68914775（总编室）
	（010）82562903（教材售后服务热线）
	（010）68944723（其他图书服务热线）
网　　址 /	http://www.bitpress.com.cn
经　　销 /	全国各地新华书店
印　　刷 /	三河市华骏印务包装有限公司
开　　本 /	710 毫米×1000 毫米　1/16
印　　张 /	10.75
字　　数 /	164 千字
插　　页 /	2
版　　次 /	2021 年 9 月第 1 版　2021 年 9 月第 1 次印刷
定　　价 /	76.00 元

责任编辑 / 徐艳君
文案编辑 / 徐艳君
责任校对 / 周瑞红
责任印制 / 李志强

图书出现印装质量问题，请拨打售后服务热线，本社负责调换

前言

　　中华民族是一个古老而文明的聪慧民族，中国人民在生存与斗争中创造了灿烂的中华文化，更准确地说，是斗争的文化。这就是军事文化的雏形，也是根基。于军事文化中，军事谋略是一个非常重要的组成部分，是人类在进化过程中活力思维对抗的智慧结晶。不可否认，警务实战与谋略来源于军事文化与军事谋略，更是时代发展中对中华文化的继承与发展。时至今日，无论是军事作战、打击犯罪还是日常的工作以及生活的方方面面，都可以看到谋略的影子。可以说，谋略思想至今已经发展成为一条泱泱大河，而《孙子兵法》便是这条泱泱大河的源头活水，其在中国以至世界斗争谋略中都具有无可比拟的重要地位。

　　警务工作是一项关于国家安全的重要工作，其工作所涉及的因素也非常多，所应对的事件具有复杂性、对抗性、执法性以及涉外性等特征。无论是打击犯罪、社会治安管理还是应对外部因素的挑衅骚扰，无不体现着谋略的重要性。特别是在法律强制性与原则坚定性以及区域特殊性等许多特征中寻找到警务实战工作的切入点，进而有理、有利、有节，合情、合理、合法地完成工作任务，更需要执法工作中的警察提高谋略水平与谋略修养，提高各种急、难、险、重任务中应变策略的灵活性。《孙子兵法》

作为谋略的源头活水，是谋略研究的根本与基础，也是提高谋略水平与修养的必经之路，是谋略学习的经典性教材。如果再加上实践的历练与对之辩证的理解、创造性的应用，便可使之在警务工作中收到事半功倍的奇效。

《孙子兵法》，作为中华文化的智慧结晶，每一个中国人，都有责任、有义务继承、弘扬与发展之。"前孙子者，孙子不遗；后孙子者，不遗孙子"①。

《孙子兵法》，作为斗争艺术的谋略宝库，每一个警务人员，都有需要、有必要学习、研究与应用之。"其内容之博大、论述之精深，后世无出其右者"②。

然而，《孙子兵法》虽然只有区区六千余字，但其意深邃，对于初学者来说相对较难。本书就是笔者在翻阅大量资料与众多学者研究的成果基础上，加上笔者的分析研究，结合警务实战工作中应用到的部分内容，整理而成的，是孙子兵法谋略思想在警务工作中研究与应用的初步探索，也是警务工作与日趋复杂的执法斗争形势所需。本书全部内容以《孙子兵法》全书的宏观逻辑结构为主线，以《孙子兵法》全文内容的精义为基本点，以理论研究与实践应用为目的，以探索与交流的态度进行撰写，以供警务执法工作实践参考使用。

限于作者阅历较浅，工作经验、理论水平及实践较少等原因，著作研究深度与广度以及理论体系均存在不足之处，难免会出现一些问题，敬请读者批评与指正。

---

① 明代学者茅元仪对《孙子兵法》的评论。
② 英国著名军事理论家利德尔·哈特在为塞缪尔·B. 格里菲思所翻译的《孙子兵法》作序时的评论。

目　录
CONTENTS

专题一　孙子其人及功绩 …………………………………………001
　　一、孙子其人 ……………………………………………001
　　二、孙子功绩 ……………………………………………002
专题二　《孙子兵法》的结构、精义及不足 ……………………007
　　一、《孙子兵法》的结构 ………………………………008
　　二、《孙子兵法》的精义 ………………………………009
　　三、《孙子兵法》的不足 ………………………………013
专题三　诡道论及其在警务实战中的应用 ……………………016
　　一、诡道论的含义 ………………………………………016
　　二、诡道与仁道 …………………………………………017
　　三、诡道的本质 …………………………………………018
　　四、诡道论在警务实战中的运用 ………………………025
　　五、经典案例与解析 ……………………………………039
专题四　势论及其在警务实战中的应用 ………………………043
　　一、势论的含义 …………………………………………043
　　二、势的特征 ……………………………………………045
　　三、势发挥的条件 ………………………………………046
　　四、势论在警务实战中的应用 …………………………048
　　五、经典案例与解析 ……………………………………060
专题五　庙算论及其在警务实战中的应用 ……………………064
　　一、庙算论释义 …………………………………………064
　　二、庙算的特征 …………………………………………065

三、庙算的原则 …………………………………………………… 066
　　四、庙算论在警务实战中的应用 ………………………………… 067
　　五、经典案例与解析 ……………………………………………… 072
专题六　全胜论及其在警务实战中的应用 ………………………… 076
　　一、全胜论的含义 ………………………………………………… 076
　　二、全胜的实现条件 ……………………………………………… 078
　　三、全胜论在警务实战工作中的应用 …………………………… 079
　　四、经典案例与解析 ……………………………………………… 083
专题七　先胜论及其在警务实战中的应用 ………………………… 086
　　一、先胜论的含义 ………………………………………………… 086
　　二、先胜的条件 …………………………………………………… 087
　　三、先胜论在警务实战中的应用 ………………………………… 088
　　四、经典案例与解析 ……………………………………………… 091
专题八　形论及其在警务实战中的应用 …………………………… 095
　　一、形论的含义 …………………………………………………… 095
　　二、用形的一般原则 ……………………………………………… 096
　　三、形论在警务实战中的应用 …………………………………… 098
　　四、经典案例与解析 ……………………………………………… 103
专题九　迂直论及其在警务实战中的应用 ………………………… 107
　　一、迂直论的含义 ………………………………………………… 107
　　二、以迂为直的原则 ……………………………………………… 108
　　三、迂直论在警务实战中的应用 ………………………………… 109
　　四、经典案例与解析 ……………………………………………… 114
专题十　速胜论及其在警务实战中的应用 ………………………… 119
　　一、速胜论的含义 ………………………………………………… 119
　　二、速胜的原则 …………………………………………………… 120
　　三、速胜论在警务实战中的应用 ………………………………… 123
　　四、经典案例与解析 ……………………………………………… 126
专题十一　慎战论及其在警务实战中的应用 ……………………… 130
　　一、慎战论的含义 ………………………………………………… 130
　　二、慎战的基本原则 ……………………………………………… 132

三、慎战论在警务执法实战中的应用 …………………………………… 135
　　四、经典案例与解析 ………………………………………………………… 139
专题十二　间论及其在警务执法实战中的应用 ………………………………… 144
　　一、间论的含义 ……………………………………………………………… 144
　　二、间论的主要内容 ………………………………………………………… 145
　　三、间论在警务实战中的运用 ……………………………………………… 148
　　四、情报搜集认识的误区 …………………………………………………… 152
　　五、经典案例与解析 ………………………………………………………… 153
参考文献 ………………………………………………………………………………… 158
结束语 …………………………………………………………………………………… 160

专题一
孙子其人及功绩

一、孙子其人

孙子，姓孙名武，字长卿，约前544—约前470年，汉族，春秋末年齐国（今山东省惠民县）人，是兵家流派的代表人物，故百家争鸣之时，人尊称其为"孙子"。孙子出生于新兴地主阶级的军事世家。其祖先陈完，原为陈国（今河南淮阳一带）公子，在陈国发生内乱时，逃到了齐国，改姓田氏。其曾祖父田书，曾在齐国进攻楚国的战争中立功，齐景公把乐安赏给他做"采邑"，赐姓为"孙"，后世子孙遂改姓为孙。

孙武在家庭环境的影响与熏陶下，青年时就注重军事与用兵，并长于剑术。孙武生活在齐国内部矛盾重重，危机四伏，斗争异常激烈的时候。公元前532年，齐国的田、鲍、栾、高四大家族争权夺利，发生内乱。作为田氏宗族支脉的孙氏，担心一旦失势，会殃及自己，于是便弃家奔吴。孙武就这样随家人在距离吴国都城姑苏（现在的苏州）不远的边邑定居下来。

身处战争频繁、诸侯间兼并杀伐异常激烈的时代，加之其祖父是名将，特殊的时代与特殊的身世，都为孙武写作兵书提供了充足的条件。

孙武奔吴前后，楚国的伍子胥、伯嚭也各自因父亲和祖父被楚王无辜杀害而逃到了吴国，想借助吴国的力量，替先辈报仇。伍子胥很器重孙武，对他的军事才能和造诣非常钦佩。公元前515年，吴国发生宫廷政变。吴国公子光与伍子胥密谋，派专诸杀了吴王僚，公子光自立为王，他就是历史上有名的阖闾。阖闾即位后重用伍子胥，伍子胥向阖闾推荐了孙武。孙武向吴王上兵书十三篇，吴王读后击节赞叹，决定重用孙武整治军队。从此，孙武与伍子胥一起，为吴国的争霸事业做出了重大贡献。公元前506年，吴国举全国之兵伐楚，以伍子胥、孙武为将军，千里迂回，深入楚境，大破楚军，攻占了楚国都城郢（今湖北江陵纪南城）。吴国发动的这次战争，无论是规模还是效果，都可以说是春秋时期最大的，所以有的历史学家称此战是"东周第一大战"。

二、孙子功绩

孙子在其一生中，最为显著的功绩可以归结为两件，一是著《孙子兵法》，二是兴吴破楚。

（一）《孙子兵法》其书

《孙子兵法》是孙武的主要军事理论著作，大约成书于公元前512年孙子出任吴国将军以前，距今有2500多年的历史。当然，围绕《孙子兵法》一书，曾经发生过激烈的争论，甚至有人认为《孙子兵法》就是《孙膑兵法》，二者系同一本书。1972年山东银雀山汉墓竹书《孙子兵法》出土后，1974年6月7日新华社对此作了报道，指出："这次《孙膑兵法》和《孙子兵法》同时出土，使这个长期争论的问题得到了解决。"所以，目前我们所研究的正是以这一出土的珍本为蓝本而修订的《孙子兵法》。

由于《孙子兵法》一书的地位特殊，研究者也很多，他们从不同角度、不同出发点研究的成果更是多如牛毛，但总体来说，可以分为三个类型：一是正史型，就是从历史的角度出发，以考古的形式对其进行研究，看其究竟是什么时代成书的，作者是谁，等等，以修正并恢复其原貌，还原其本色；二是解读型，就是研究《孙子兵法》如何解读、如何断字断句等，最大限度地保留《孙子兵法》的汁味，以形成具有现代意义与方法的《孙子兵法》；三是应用型，就是从一种较为宏观的角度进行研究，抛去对个别字或者年代等较为细节的问题，以实用主义与借鉴为出发点，对其精义进行研究，以其思想精华与谋略方法为重点进行研究，并应用于现代的各行各业中，形成现实生产力与战斗力的类型。本书内容就是以第三种类型为研究重点，融入第二种解读内容于其中，形成对警务执勤、作战以及日常工作具有指导意义的思想与谋略方法。

《孙子兵法》是中国以至世界谋略理论著作中最早的一部经典著作。《孙子兵法》文字简练，内容博大而精深，分书包括共十三篇约六千字（不同版本字数不同），其中既包含了战略层次的战略思想，也包含了战术层次的战术战法，既有运筹谋略，又有后勤保障，同时还有作战指挥、行军宿营、情报间谍等内容，涵盖面广，论述精辟，是一部集战略、战术及其他科学于一体的综合性谋略著作。因此，《孙子兵法》的成书，具有划时代的伟大意义。

首先，它开创了军事理论著作之先河，标志着军事科学作为独立学科出现于社会科学领域。《孙子兵法》的问世，标志着军事科学作为独立学科出现于社会科学领域，在中国乃至世界军事史上都具有划时代的意义。两千多年来，《孙子兵法》不仅在中国被尊崇为"兵经"，培养了一代又一代著名将帅，指导了一次又一次胜利，而且先后传入日本和欧美，对世界军事科学的发展也产生了深刻的影响。特别是20世纪70年代以后，《孙子兵法》更加广泛地引起世界各国的重视。日本军事评论家小山内宏说："《孙子兵法》不仅是一部战略理论，还是一部具有深刻含义的战争哲学，甚至对现代战略战术也有极大启示。"美国军事理论家约翰·柯林斯则认为，"孙子是古代第一个形成战略思想的伟大人物"。"今天没有一个人对战备的相互关系、应考虑的问题和所受的限制比他有更深刻的认识。他的大部分观点在我们当前的环境中，仍具有和当时同样重大的意义"。日、美等国非常重视《孙子兵法》，美国甚至将之列为军事院校必读书目之一。在伊拉克战争中，有人曾指出，这场现代化的战争胜利的背后，有一位2500多年前的中国老人在默默地指挥着，这位老人就是孙子。西方国家对《孙子兵法》的重视由此可见一斑。《孙子兵法》阐明的战争指导原则运用于国家战略和军事决策，而且人们在不断继承与发展过程中，将其思想运用于企业管理，并在实践中获得成功，这也显示了孙子军事理论的强大生命力。

《孙子兵法》集春秋以前历代军事思想和战争经验之大成，并使之系统化、理论化，初步探索并揭示了战争的一般规律，精辟地论述了治军作战的一般原则，充满了古代朴素唯物主义的辩证思想，不仅奠定了古代军事科学的理论基础，而孙子本人也在一定程度上成为军事哲学的创始人。20世纪70年代，美国国防战略研究所的柯林斯在其作品《大战略》中指出，孙子是古代第一个形成战略思想的伟大人物，而且他认为，今天没有一个人对战略的相互关系、应考虑的问题和所受的限制，比他有更深刻的认识，他的大部分观点在我们当前的环境中仍然具有和当时同样重大的意义。利德尔·哈特的《间接路线》（Indirect Approach）思想，也是来源于《孙子兵法》。《孙子兵法》的影响与伟大意义由此可见一斑。

其次，《孙子兵法》终结了封建神学占卜决定战争的愚昧时代，开创了运用朴素唯物主义思考战争的先河。在孙子之前的相当长的历史时期内，中国的封建社会由于科学不发达而对许多自然现象无法解释，长期笼罩在神灵、占卜的阴影之下，认为自然界存在着一种超自然的神秘力量，决定着世界万物的发展，也包括战争的胜负。长期以来，人们对之深信不疑，凡事均以占卜为准，战争前亦如是。类似的情况在西方也可以说比比皆是，在恺撒与日耳曼人的对战中，日尔曼人明明有消灭恺撒的机会，却因为迷信占卜而失去战机，可见古代迷信左右战争的伪科学毒害之深之广。《孙子兵法》的问世，打破了这一观念，第一次将战争建立在"可知"的基础之上，认为"知己知彼，百战不殆"。"故明君贤将，所以动而胜人，成功出于众者，先知也。先知者，不可取于鬼神，不可象于事，不可验于度，必取于人而知敌情者也"。此其一。孙子认为战争还是可以预测的，即通过"校之以计而索其情"，分析敌我双方之"五事""七计"以及"战地""战日"等因素，就可以采取战争行动进而取得胜利。此其二。由此可以看到，《孙子兵法》的唯物主义认识论将战争的认识引上科学化的轨道，是古代兵学思想的一种升华。其对战争的认识的科学精神与理性思考在当时世界军事领域可谓是空前的。

再次，《孙子兵法》突破了孔孟等儒家"义兵"对于作战思想的束缚，开创了谋略诡道用兵的全新时代。《孙子兵法》的问世，将古代军事与战争引向了谋略与智能斗争的全新时期。长期以来，列国诸侯受孔孟思想的影响，将"节制之兵"作为统率军队的基本原则，都以"军礼"为作战原则进行作战。所谓"节制"，取义于竹之有节，就是像竹子一样一节一节地进行控制，其基本方法就是军礼与连坐。军礼是用以建立和维系军队中的等级服从的一种严格的军事秩序，是从人的思想方面进行相对较为积极的控制，其内容包括许多方面。如："礼乐征伐自天子出"，天子掌握征伐大权；战争要"不加丧"，即不在国丧之日向敌国发动战争；"不因凶"，即不在敌国有国难或大灾之日发动战争；"不鼓不成列"，即不在对方没有列好阵势之时发动攻击；"不擒二毛"，即不捉头发花白的老人；即使战胜了，也要讲求"存亡国，继绝世"。连坐就是连带追究责任的一种制度，其意义在于保证将领对部下进行有效的控制，以强化平时的相互监督与战时的相互救援来保持部队战斗力与行动的整体性。但是，随着人类社会的发展与战争规模与程度的扩大，节义之兵约束下的"战争规则"已不再适应时代的要求，仅凭对内的严格管理与作战的仁义之举已经在战争中不能取得作战的胜利，也不再为多数人所遵循，战争新规则——诡道已经在作战中频繁使用，且屡试不爽。《孙子兵法》的出现，标志着军礼时代从此作古，战争正式以智能与体能、战略与战术层次的两大战场展开同步角逐，军事理论与实践进入了一个全新的时期。

作战是人类社会的一种特殊的实践活动，它关系到国家、民族和政治集团的成败存亡，是交战双方实力和智力的全面竞赛，对战争指导者的谋略思想和指挥艺术的检验也最迅速、最无情。"自觉的能动性是人类的特点。人类在战争中强烈地表现出这样的特点。"如何认识战争和掌握战争的客观规律，充分发挥人的自觉能动性，战胜敌人，夺取胜利，这是历代军事家自觉或不自觉地寻求解决的问题。

孙武的军事思想的突出特点和优点，就是从理论上初步解决了这个问题，在战争指导上实现了客观规律性和主观能动性的统一。这一点，虽然他并未用准确的哲学语言表达出来，但是贯穿于他的全部学说之中，成为他的军事思想的哲学基础。孙武的军事谋略思想，作为他的军事思想中的重要组成部分，有其突出的优点与独创性的贡献。

《孙子兵法》作为中国乃至世界军事思想文化的智慧结晶，受到了世界各国军事、政治、经济领域的人们的广泛关注，特别是近些年来，对《孙子兵法》的研究更是非常火热。《孙子兵法》的译著也纷纷向世界传播开来，日本、美国、法国、俄国、英国、朝鲜、韩国等国都将《孙子兵法》译成国语进行研究，并将之应用到各个方面。特别值得一提的是，美国作为世界军事与经济的第一强国，尤不忘《孙子兵法》且做到"军官人手一册"，可见美国对《孙子兵法》谋略的重视与运用。"在日本迄今见于著录的研究《孙子兵法》的专著就有160部左右""马来大学教授郑良树近年来连续发表了几篇有分量的专论，如《论孙子的做成时代》《论银雀山出〈孙子〉佚文》《〈孙子〉续补》等，都颇受学术界重视"。作为孙子的子孙，作为谋略的发祥地的中国，我们有天时、地利，更有人和，无论从思维模式的继承上还是从军事理论与智慧的继承上来看，我们都占有着无可比拟的优势，对之研究更不能落后于外国。特别是将之与时代特色、专业领域特色相结合，将谋略智慧转化为打击犯罪、维护国家和社会稳定的战斗力，推进经济发展的推动力，增进人民团结的凝聚力，更是我们后孙子不忘前孙子之义务所在。

总之，《孙子兵法》，不论是对中国还是外国，不论是在军事领域还是在其社会生活以及处理国际事务领域内，其思想精华都在发挥着巨大的指导作用，足见其意义非凡。

（二）兴吴破楚

实践是检验真理的唯一标准。孙武所写《孙子兵法》究竟是指导战争的真理，还是只是像赵括那样"简上谈兵"（春秋战国时期还没有纸张问世），浪得虚名，需要用战争实践来证明？吴破楚之战向世人证明。

自公元前511年至公元前506年，历时6年的吴破楚之战，由一系列战争战役组成，特别是吴楚柏举一战，最终使吴国成就了"西破强楚，入郢"的伟业。

柏举之战是春秋晚期一次规模宏大、战法灵活、影响深远的大战。吴军灵活机动，因敌用兵，以迂回奔袭、后退疲敌、寻机决战、深远追击的战法，一举战胜多年的敌手楚国，给长期称雄的楚国以十分沉重的打击，从而有力地改变了春秋末期的整个战略格局，为吴国的进一步崛起，进而争霸中原奠定了坚实的基础。吴军的取胜，首先是修明政治、发展生产、充实军备、壮大自身实力的结果，其次是善于"伐交"，争取晋国的支援和唐、蔡两国协助的产物，最后，也是最为重要的一点，是其作战指导上的高明。一是采取疲楚误楚的正确策略，使楚军疲于奔命，并且松懈戒备；二是正确选择有利的进攻方向，"以迂为直"，乘隙蹈虚，实施远距离的战略袭击，使楚军在十分被动情况下仓促应战；三是把握有利的决战时机，先发制人，一举击败楚军的主力；四是适时进行战略追击，不给楚军以重整旗鼓、进行反击的任何机会，最终顺利地夺取战争的胜利。楚军的失败，从政治、外交上看，在于其政治腐败、内部动乱、将帅不和、四面树敌、自陷孤立；从军事上看，则在于其疏于戒备，遭致奇袭，在于其主将贪鄙无能，临战乏术，在于其轻率决战，一败即溃。当然，柏举之战的取胜，与孙子善于指导战争的雄韬伟略是分不开的，此战更成就了孙武的伟业，使他青史留名。

柏举一战，不仅使孙武及其兵法在战争实践中得到了充分的展现与检验，更使其人其著名扬天下。更值得一提的是，孙子是古今中外少有的能够将自己的理论充分运用到实际战争当中去的优秀军事统帅。

专题二
《孙子兵法》的结构、精义及不足

《孙子兵法》是中国古代战略、战术、谋略思想的精华,是世界上第一部系统论述并探索作战与谋略问题的理论著作,其理论价值与实践价值非常之高,至今仍为世界所推崇,并在诸多领域内都得到了深入而广泛的发展。

政法工作是党和人民的"刀把子",面临着形形色色的斗争,其中既要面对惨无人道的暴徒,又要面对狡猾异常的高智商犯罪。作为我国的警察高等院校,承担着培养适应社会发展,满足党和人民期望的新型警务人才的重任,理应对谋略进行普遍性的教学,使每一位学员都对《孙子兵法》有所了解。这既是对中华文化的弘扬与传承,更是对中国古代斗争思想的继承与发展,也是培养战略、战术、谋略思维的绝好教材。然而,这一点在部分地方还有欠缺。

当然,《孙子兵法》内容非常之广,博大而精深,语言高度精练,充满了朴素的唯物辩证法思想,可以说它是集战略学、战术学、哲学、指挥学、运筹学等为一体的综合性学科,因此,学习与研究起来难度较大。初学者往往上来就一篇一篇地看,但是看完一遍后依然是一头雾水,不知所云。长期以来,学者们也大多就《孙子兵法》的某一章节或某一经典语段进行研究与分析,将"十三篇"切割成单独的文章进行研究,而忽略了其著作的整体结构、内在联系、逻辑推理及思想脉络等内容。当然,其精义之深,只读一遍不知所云实属正常,但是,欲对之进行深入了解与掌握,首先需要从十三篇之结构入手,把握整体行文脉络,读起来便会容易许多。其次需要掌握其精义,即明确《孙子兵法》的理论精华主要是什么,其理论与实践意义如何去把握。一旦掌握了《孙子兵法》的精义,也就对其主要内容有了把握。在此基础之上,再深入细致地进行研究,才不致断章取义,也不致脱离"兵法"之全局而局限于"一域"。

一、《孙子兵法》的结构

关于《孙子兵法》十三篇的结构问题，长期以来都存在着争议，学界各执一辞。但需要明确的是，作为传统文化的原典，能够用六千余字构筑起兵学理论的雄伟大厦，与其结构的严谨与逻辑的严密密不可分。"其文本的简约精微和表现手法的深刻纯熟已经大超前于整个时代，具有跨越时空的理论张力。深入分析其文本结构的特点应是解读《孙子兵法》的不二法门。人们常因结构分析的舛误，造成翻译时与原文的背离，当然也影响了思想内容的解读。"可见从结构入手学习与把握《孙子兵法》的重要性。

关于《孙子兵法》的结构，先前的学者们也进行过探讨，成文较多。古代有十一家注孙，各有所长，但从整体结构与精义角度去做深入考量并取得较为瞩目成就的要数宋代的张预，归结起来，可以得出如下论述：

"用兵之道，以《计》为首。计算已定，然后完车马，利器械，去粮草，约费用，以《作战》备。计议已定，战具已集，然后可以智《谋攻》。《形篇》言攻守，《势篇》说奇正。善用兵者，先知攻守两齐之法，然后知奇正；先知奇正相变之术，然后知《虚实》。奇正自攻守而用，虚实自奇正而见。《军争》者，谓两军相对而争利也。先知彼我之虚实，然后能与人争胜。《（九）变》者，不拘常法，临事适变，从宜而行之谓也。凡与人争利，必知九地之变。知《九地》之变，然后可以择利而《行军》。凡军有所行，先五十里内山川开始，使军士伺其伏兵，将乃自行视地之势，因而图之，知其险易。故行师越境，审《地形》而立胜。用兵之地，其势有九，是谓九地。以《火攻》敌，当使奸细潜行，地理之远近，途径之险易，先熟知之，乃可往。《用间》之道，尤须微密。欲素知敌情者，非间不可也。"（曹操，等. 十一家注孙子 [M]. 郭化若，译. 上海：上海古籍出版社，1978.）

就现代而言，目前，学界对《孙子兵法》的结构与精义研究较多。付朝以现代科学理论体系的划分方法，提出了"道、法、术分呈的整体构思"，即"'道'是事物的本体、本原，是事物发展的总原则和规律性东西；'法'是方法，是实现'道'的方法策略和途径；'术'则是有关的操作技术"。但是相对而言较为宏观，而且笔者认为，从更深一层来看，"法"与"术"是同一的。

另一位深入提出《孙子兵法》结构研究成果的是钮先钟先生,他是第一位提出《孙子兵法》的"1+3+9"结构理论模式的学者。我们可以将之进一步深化细化,分解为"战略运筹—战略指导—战术实施"这一模式。下面,我们就将之引述如下:

所谓"1",就是指《孙子兵法》第一篇《计篇》。"计"就是指计划、谋划、比较之义。从作战程序角度来看,应该是作战计划的环节。再与原文相比,可以说较为符合文章之意。即确定战争是打还是不打,打与不打的利弊问题的商讨,也就是我们所说的"战略运筹"。

所谓"3",就是指《孙子兵法》第二、三、四篇,分别是《作战》《谋攻》与《形篇》,主要论述作战一方在组织上、思想上、行动上进行作战准备的问题,即进行作战决策。在确定了进行作战之后,主要解决的是战前将领谋划如何打才能取胜,全胜还是战胜的问题。即对战争的战略把握与指导。

所谓"9",就是指其余的9篇,分别是《势篇》《虚实》《军争》《九变》《行军》《地形》《九地》《火攻》《用间》。这9篇主要论述了在上层决策与下定决心的执行过程问题。即在作战过程中如何进行作战指挥、如何行动。主要是解决战术运用及其灵活性的问题,也就是"战术实施"。

二、《孙子兵法》的精义

《孙子兵法》内涵博大而精深,欲对其彻底地把握难度相当大,并且其后所继承发展之新理论也相当多。纵观全书,其核心最终突出一个字:胜。围绕着这个主题,孙子依次提出了"全胜"与"战胜"两个层次的战略思考,然后再从战略思考跳跃到战术方法层级上,即思考如何实现的问题。

作为打击犯罪、维护国家安全与稳定的警察,其所面临的斗争既有智力方面的对抗,也有体力上的对抗,是智能与技能对抗的综合体。在打击犯罪过程中,《孙子兵法》中的战略、战术及对抗思想是我们需要了解的,甚至是值得我们深入学习与借鉴的。下面将《孙子兵法》战术层次的精义概括如下,仅供参考。

(一)仁诡

"兵者,诡道也。""兵以诈立,以利动,以分合为变者也。"孙子在《计篇》与《军争》中提出用兵之核心原则之一："诡道"。当然，这里讲的"诡"并非一般意义上的诈骗，它是一个包含着非常深的含义的战术方法的概念集。"仁"与"诡"，看似矛盾，实则统一。"仁"不是一味的"仁"，无条件、无原则的"仁"；同样，"诡"也不是一味地"诡"，无条件、无原则的"诡"。它们都是在一定条件下的辩证存在，是《孙子兵法》作战理论的一对矛盾，也是一个体现孙子仁诡辩证法理论精华的一个方面，是一个全局与部分，有重点、有层次、有区别地认识与分析事物的方法的总体现，具体内容我们会在下面的内容里单独分析讲解。

（二）庙算

庙算，就是古代作战筹划。即战前通过对敌我双方情况的战略权衡与比较，做出相对全面的战略预测和相对全面的作战决策，最终谋求取得作战胜利的思想。这也是《孙子兵法》的精义之一，它体现了古代作战已经进入了有组织、有计划、有准备的慎战阶段，作战的胜利已不仅仅取决于一时之威，更取决于战略谋划，长远地、全面地衡量作战效果的程度，是古代作战谋划中定量分析的萌芽。另外，它也体现了古代战略决策中以"作战会议"的形式发挥群策群力的决策方法，对于高度集权的封建制度来说，这无疑也是一大进步。

（三）全胜

全胜思想可以说贯穿于《孙子兵法》的始终，在《谋攻》中体现得尤为明显。"必以全而争于天下""兵不顿而利可全""上兵伐谋，其次伐交，其次伐兵，其下攻城""必用兵之法，全国为上，破国次之，全军为上，破军次之……"从以上一系列的论述中我们可以看到，孙子本人是非常看重谋胜的，即"不战而屈人之兵"，同时也将之视为作战取胜的最高境界。至今，这一思想依然是指导作战取胜的最高目标。

（四）虚实

虚实是一对作战中的矛盾，孙子单独以一篇《虚实》命名，可见其在孙子兵法也占有相当重要的地位。在战斗中，虚实这一对基本矛盾又有其深刻的内涵，既包括物质上的，也包括精神上的含义，既包括客观层面上的含义，也包括主观层面的含义。从力量对比来看，多为实，而少为虚。从武器装备来看，武器装备优良为实，而装备不良为虚。从战斗部署关系上来看，部署科学、合理为实，而松散、混乱为虚。从法律角度来看，兵出合法，依法战斗为实，违法行事为虚。从精神状态上来看，士气高涨为实，低靡为虚。总而言之，虚实这一对基本矛盾可以放在战斗的任意一个环节的对比形态之中，在每一种对比形态之中，处于优势者为实，处于劣势者即为虚。

（五）奇正

奇正思想是《孙子兵法》精义之一，也是中国古典战术思想之精华，《势篇》提出："凡战者，以正合，以奇胜"，"奇正相生，如环之无端，孰能穷之"就是奇正之术的体现。这一本质反映了作战力量的具体运用与变化，是作战指挥员主观能动性与战术艺术在战斗中的充分体现。奇与正是相对而言的，所谓"奇"就是在战斗中，违反"常态"而采取行动，体现了战斗之特殊规律。所谓"正"是指战斗行动的常法，反映了战斗的基本规律。具体而言，正面攻击为正，侧面偷袭为奇；明战为正，暗攻为奇；常规战法为正，特殊战法为奇。"正"是"奇"的基础，"奇"是正的补充，二者相生相应，变幻莫测，将战术艺术演绎得更为丰富多彩。

（六）形势

"形"与"势"也是《孙子兵法》所提出来的一对基本概念，并且孙子将之单独列章分别论述。"决积水于千仞之溪者，形也。""转圆石于千仞之山者，势也。"对之，吴如嵩先生曾指出，"形是物质的运动，势是运动的物质"，似乎有点抽象。还有学者更为通俗地提出，"形是力量的蓄积，势是力量的发挥"，充分展现了孙子兵法中智谋与力量相互借力，充分发挥作战效能的巨大增值效应。当然，用现代科学理论来理解，可以将形、势看作是力量有效发挥的基本要素，如同经典力学之三要素"大小、方向、作用点"。当然力的大小相当于"形"，而势则可以视为方向与作用点，即"奇正"与"虚实"。

（七）迂直

军争就是孙子论述关于争夺作战主动权的问题。在此，孙子进一步提出了迂直这一基本矛盾。"以迂为直，以患为利……后人发，先人至……"这一点与两千余年后英国著名军事理论家利德尔·哈特的《间接路线》可谓是不谋而合,其精义就在于"最短路径"与"最优过程"的选择取舍。在一般情况之下,"最短路径"往往是风险最大、防备最严之路,当然前进速度也会相对较慢;"最优路径"往往又不是最短路径,前进快,风险小。以迂为直就是要谋在长远,避免直接趋近,而是采取间接包围,逐步渗透,"积极寻求机会却不显得给别人马上带来什么威胁的征兆;似乎你走了几步无关紧要的棋,实则至关重要,一切努力不求立竿见影,急功近利"。

(八)用间

用间就是指间谍与情报工作,其核心内容就是指挥员作战对信息的需求以及对战争胜负之重要。孙子在《孙子兵法》结尾篇中单独写了《用间》,阐述了用间及其对作战胜负的重要性,同时还分别写了"五间"(乡间、内间、反间、生间、死间)的具体内容及培养、使用等。对于现代警务工作而言,用间或者情报工作,也是打击犯罪、维护社会稳定极为重要的一个环节。因此,孙子提出"三军之事,莫亲于间,事莫密于间,赏莫厚于间,非圣智不能用间,非仁义不能使间,非微妙不能得间之实"的使间、用间思想,值得今人借鉴与思考。

(九)权变

权变,讲的就是战术的灵活性。通观《孙子兵法》全篇,只要用兵,无不提倡权变之法,"因利制权""虚实奇正""迂直之计""践墨随敌""九变之术"等不胜枚举,可见《孙子兵法》在用兵之法上所推崇的根本与精要就在于权变。当然权变之法不仅是战术灵活性的一种体现,更是战术科学性的一种把握,是基于"较之以计而索其情"的分析,是"合于利而动,不合于利而止""唯民是保,而利于主"的战略决策,是"践墨随敌,以决战事",而不是无中生有、心血来潮的随意发挥,以至"乱军引胜"。

(十)速胜

"速胜"是孙子兵法提出"兵贵(速)胜,不贵久"的体现,"即通过缩短作战时间,以最快的速度、最高的效率取得作战胜利"的一种思想。当然,孙子提出这一思想有其现实的考虑,一是国家经济承受力的问题,"日费千金";二是国民生活生产问题,"不得操事者七十余万家";三是国家安全问题,"诸侯乘其弊而起,虽有智者不能善其后矣";四是作战效率问题,"久则钝兵挫锐,攻城则力屈"。

三、《孙子兵法》的不足

《孙子兵法》是古代战略、战术与军事思想的集大成者,是古代军事科学的顶峰,随着时代的发展,其价值逐渐为中外学者所重视、所肯定。但是辩证而客观地来看,金无足赤,人无完人,孙子生活"在那奴隶制经济向封建经济过渡的春秋末期,先进的小农经济刚刚露出头角,井田制的奴隶主经济还远远没有退出历史舞台。这一特定的历史条件就在客观上规定了孙子的战略思想不能不受当时的经济和政治条件的影响。具体地说,由于当时军队的威力,战争的爆发、演进和结局无不取决于武装斗争的物质保障,而当时经济能力所能支持军队持续作战的能力是有限的,所能支持军队后勤的补给能力是有限的,所能支持军队军事输送的交通能力也是有限的,如此等等,就决定了孙子的战略逃不出当时争当霸主、欺凌小国的总的目的"。虽然不足是客观的,不可避免的,存在也是瑕不掩瑜的,但在学习过程中,也非常有必要将其指出以备参考之用。

(一)存在愚民愚兵思想

孙子虽然是古代军事理论的奠基者,也是战争艺术的集大成者,但其生活于古代封建社会,其作战之根本就是为维护封建上层建筑而服务的,当然,这也是其作为封建军事家之职责所在。历史地看,有其难以摆脱的政治环境与思想局限性;但发展地看,其所提出的"能愚士卒之耳目,使之无知;易其事,革其谋,使人无识;易其居,迂其途,使不得虑""若驱羊群,驱而入,驱而来,莫知所之"的愚兵疲兵思想在对士兵的管理与教育上是不足取的。特别是今日法律之健全、人权之尊重、信息之畅通、思想之开放时代,需要不断创新管理理念,以人为本,以情带兵,以诚感兵,以法纪管兵,将外在严格的刚性的制度管理与内在的弹性的人性的感情融入相结合,启发自觉,积极引导,实现带兵、管兵的全新发展。

（二）高估将之作用

对于作战而言，将领的作用固然不可小视，更不能忽略，但是，将领也并不是万能的。孙子兵法的一个突出特点就是对将领的培养、素质要求非常之高，要有"智、信、仁、勇、严"。然而，将领的作用不能被无限度地放大。孙子在其兵法中就存在对将领的作用过于放大的问题，如"知兵之将，生民之司命，国家安危之主也""将者，国之辅也，辅周则国必强，辅隙则国必弱"。当然，我们不能说是没有一定的科学道理，但将之视作"生民之司命、国家安危之主"似乎有点夸大其词，毕竟，一个国家的存在与人民性命的安危不仅仅取决于将领，或者说不仅仅取决于军事实力，还取决于政治的清明、制度的科学、经济的发展等诸多因素。衡量一个国家的强大程度，不仅仅看一个国家的军事实力，更要看综合国力。

（三）缺乏海战思想

21世纪是海洋的世纪，开发海洋、利用海洋成为国家发展的一个重要方向。但是，追溯到2500年前的孙子时代，由于技术的落后与作战范围、活动空间的局限，基本上没有海战，主要是大规模的陆战，因此，孙子兵法主要是针对陆战而提出的具有陆战特点的作战思想、作战原则、作战规律，而没有将海战的相关思想与内容融入其中。虽然作战中有些内容具有普遍性与互通性，但毕竟区别也是较大的。所以，《孙子兵法》未对之有所关注，实属时代局限之必然，也是一大遗憾。

（四）缺乏军事制度方面论述

从内容的完整性上来看，《孙子兵法》虽然提出"令之以文，齐之以武"的思想，但没有更为深入地论述军事制度与管理方面的内容，在一定程度上而言，基本上属于人（君、将、帅）治的观念远远大于法治或以制度治军的观念。相反，《尉缭子》则在这一方面较为深入地补充了《孙子兵法》在这一方面的不足，如其提出了"十令"[①]，相当于今天我们所用的军事条令与训练

---

① "十令"是指重刑令、伍制令、分塞令、束伍令、经卒令、勒卒令、将令、踵军令、兵教令（上、下）、兵令（上、下）。参见：（春秋）孙武，等. 武经七书·尉缭子 [M]. 北京：北京联合出版社，2017.

大纲之类的规定与制度，也是制度建军与法治建军的一个初始萌芽。

总而言之，尽管《孙子兵法》有其内容的缺陷，但是作为古代作战艺术与军事思想的智慧结晶，作为中国战略、战术与谋略思想的源头活水，流传两千多年而生命力依然强劲，就在于其内容的博大精深，就在于其思想对21世纪的今天依然有着非常强的现实指导意义，可谓是瑕不掩瑜。研究之，不仅是对中华文化的继承与弘扬，还能了解古代作战艺术之精华，以古鉴今，发展之以为今日之用。

专题三
诡道论及其在警务实战中的应用

"兵者，诡道也。"

一、诡道论的含义

"诡道"在《计篇》中第一次提出，同时伴随着"诡道"，孙子提出了著名的"诡道十二法"，即：① 能而示之不能；② 用而示之不用；③ 近而示之远；④ 远而示之近；⑤ 利而诱之；⑥ 乱而取之；⑦ 实而备之；⑧ 强而避之；⑨ 怒而挠之；⑩ 卑而骄之；⑪ 逸而劳之；⑫ 亲而离之。

无独有偶，其在后面的论述中，再一次提到了"诡道"的应用——"兵以诈立"（《军争》）。纵观全书可以看出，"诡道"也是孙子兵法的核心内容之一。

然而，何为"诡道"？"诡道"就等于欺诈吗？学术界尚有一些争论，但笔者认为，"诡道"就是欺诈的观点有些片面。究竟孙武在此的诡道是什么含义，我们还得回到其所著兵法中寻求。

如上文所述，孙子在《孙子兵法》第一篇中提出了"诡道十二法"，分析之，我们可以看到，上文列出的前五种情况可以说是"诡道"中的"欺诈"。然而，再向下看，后面的七种情况，孙子虽然也将其列入"诡道"之中，但从本意来看，说成是"欺诈"似乎有点牵强，甚至离欺诈相去甚远，而将其解释为"以奇用兵，以智用兵"与其意更为相近。当然，用发展的观点来审视"诡道"的内容，还可以得出这样的一个结论："诡道"并非只有"十二法"，孙子列出"十二法"，是为了进一步形象地说明诡道的含义，方便读者对"诡道"精义的理解，而真正的"诡道"也远非这几种，只是因写作的需要以及时代的局限无法一一列明而已。

综上所述,我们可以得出这样三个"诡道"的结论:第一,"诡道"不是单纯的"欺诈",更不能与"欺诈"简单地画上等号。诡道包含欺诈,欺诈也只是"诡道"这个概念集合里的一个子概念集。第二,从文意与整篇意境来看,"诡道"的精义是通过非常规的手段用兵以达到占据取胜优势的一种策略或方法,诡道即是多变、出乎寻常的方法。第三,"诡道"远非"十二法",而是一个开放的方法集,灵活、出奇制胜的方法都可以归为此类。

二、诡道与仁道

孙子"诡道"的提出,可谓是人类战争艺术的一大创新,当然也将战争推上了更为神秘、多变以及智谋对抗的新高潮,宣告了"仁义之兵""不鼓不成列"时代的结束,开创了中国古代战争谋略对抗的新时代,宋襄公"蠢猪式"的"仁义"从此在作战领域内变成了为人耻笑的谈资。然而,我们不禁要问,"诡道"的提出就意味着"诚信"从此宣告死亡了吗?回到《孙子兵法》的内容去找寻,答案当然也是否定的,这并不是孙子的本意。相反,《孙子兵法》中却充满了关于"诡道"与"仁道"的辩证法思想,也反映了孙子兵法在战略战术应用领域的层次性与灵活性。

(一)以仁待民

在《计篇》中,孙子提出了"五事":"道、天、地、将、法"。对于"道"的解释为:"令民与上同意也,而不畏危。"《地形》中又提出:"进不求名,退不避罪,唯民是保……"。

可见当时孙子也意识到了"得民心者得天下"的道理,并提倡国君应与民众同心协力,团结一心,方为有道。而取得民意的支持与拥护,并不是仅仅靠空喊几句口号就可以达到的,更不能依靠强制力来达到,而是需要广施仁政,方能取得民心,启发民众的自觉性。通过教育,培养民众的爱国情怀的目的才能达到。因此可以看出,民意不可欺,正是《孙子兵法》对"诡道"与"仁道"的辩证思考。再看诡道,孙子提出"兵者,诡道也"。既然是用兵,当然是面对敌人,因此其对象与矛头自然是指向相对应的武装集团或者敌方之人民。在此,虽然其没有明确地阐述"诡道"与"仁道"之辩证关系,但从论述中可以清晰地看到相关内容，也可以清晰地感受到其用"诡"与用"仁"的对象区别。

（二）以仁待兵

孙子不仅提倡对民要"仁爱"，更提倡对兵"仁爱"。《地形》篇中有这样的论述："视卒如婴儿，故可以与之赴深溪；视卒如爱子，故可与之俱死。"其中不乏对士兵的仁爱。当然这是其对部队管理的需要，更是提高战斗力的需要，但同时也可以反映出其为将之道中对待部属士兵的态度，即仁爱对待本部的士兵。

（三）以仁待俘

虽然《孙子兵法》中重"诡道"，特别是在对待敌人时，尤其注重这一方面策略性应用。但是客观地分析，其中也体现了孙子区别对待的态度，正如其在《作战》中所述："车杂而乘之，卒善而养之，是谓胜兵而益强。"这里的"卒善"实质上就是指对待敌方的俘虏问题，如果对方俘虏是"善"，并非顽固不化，能听从战胜者一方，则"养之"，给其以善待，也就是说以"仁爱"之法待之。在一定程度上而言，这是后来"优待俘虏"政策的方法基础。可见，孙子兵法并非只注重"诡"，同样也有"仁"，是两者的统一。

三、诡道的本质

警察在打击各种违法犯罪活动的过程中，可以汲取《孙子兵法》"诡道"核心思想之精华，并将之运用于警务执法工作实践，有力地打击暴力犯罪、毒品犯罪、偷渡及其他犯罪活动，维护社会的安全与稳定。我们知道，"诡道"思想的外在表现是多种多样的，而万变不离其宗，应用"诡道"需要掌握其本质。具体而言，其本质主要表现在"虚实转换""奇正相生""真伪相容"与"数形相变"四方面。

（一）虚实转换

虚与实是"诡道"的一对基本矛盾，正如《势篇》中所述"兵之所加，若以碫投卵者，虚实是也"，所表征的是作战力量在战斗中的表现形态，是战斗力要素之间优劣对比的集中体现。

在警务实战中，虚实这一对基本矛盾又有其深刻的内涵，既包括物质上的含义，也包括精神上的含义；既包括客观层面上的含义，也包括主观层面的含义。从力量对比来看，多为实，少为虚。从武器装备来看，武器装备优良为实，而装备不良为虚。从战斗部署关系上看，部署科学、合理为实，松散、混乱为虚。从法律角度来看，警出合法，依法战斗为实，违法行事为虚。从精神状态上看，士气高涨为实，低迷为虚。总而言之，虚实这一对基本矛盾可以放于任意一个战斗环节的对比形态之中，在每一种对比形态之中，处于优势者为实，处于劣势者即为虚。

警务实战中的"诡道"，就是利用虚实之间的转化，或虚而实之，或虚而虚之，或实而实之，或实而虚之，虚虚实实，以致"形人而我无形"，迷惑、诱导犯罪嫌疑人，使其信息受阻、思维受限、行动失误，有智不能谋于我，有力不能用于我，最终为我所制。这种虚实的变化关系表现为：

1. 内在虚实

内在的虚实是主要针对警察这一执法主体而言的一个范畴，任何一次执法作战行动，其作战力量都在一定战场空间、时间中具有一定的分布结构。力量的时空结构一般是不均匀的，于是就产生了虚实的区分。在警务实战中具体表现为：第一，从警力构成上看，只有在辅助行动（方向）和次要行动（方向）上节约警力，才能在主要行动（方向）中集中警力，有虚才能有实。第二，从相互作用上看，要想在主要方向和重点时节取得决定性战果，必须在辅助行动（方向）和次要行动（方向）上实施有力的"佯动"予以支撑，让虚对实起重要的辅助作用。虚实结合，才能将"诡道"运用成功，取得实效。

2. 外在虚实

外在的虚实主要是体现在执法主体的警察与犯罪嫌疑人（团伙、集团）之间的各要素对比之上，是一个相对的虚实概念。从宏观的角度看，警察作为国家机器，与犯罪嫌疑人相比，无论是人员的数量、装备及其他保障等物质方面，还是训练程度、合法性及群众的支持度等非物质方面，都是犯罪嫌疑人无法相比的，这无疑是"实"的一面。然而从警务实战过程的局部这一微观角度来看，特别是具体到一次战斗或战斗的某一个阶段、某一个环节，警察又可能是"虚"的，相对较弱的。2007年3月15日发生在云南保山的缉毒行动的惨痛教训就是我"虚"而敌"实"的一个典型事例。那天，云南保山公安机关侦查队接到特情报告，发现曹某手中有大量鸦片，并将于近期通过云南省边境地区月亮石丫口一带进入中国交易。龙陵公安机关与盈江公安机关合作，诱使贩毒分子进入我方设伏之地。然而，在警方实施抓捕时，多名武装毒贩出现在设伏地域西侧和西北侧高地上，向我抓捕人员开枪射击，随后又扔出 3 枚手榴弹，造成警方 3 死 3 伤的严重后果。从案例中可以看出，执法的警方与犯罪嫌疑人（集团、团伙）在局部的对抗中，有时是处于"虚"的劣势状态中。当然，不可否认，在此次战斗中，执法警力在行动部署及其他方面也存在着一些缺陷；但从根本上而言，虽然在局部上存在"敌实我虚"的现状，但通过"诡道"的运用，合理配置力量，科学实施欺骗，充分利用时间、空间等战场因素，局部的劣势也会变成优势，也能将"敌实我虚"转化为"敌虚我实"，进而取胜。

（二）奇正相生

奇正是"诡道"的核心矛盾之一，也是中国古典战术思想之精华。《势篇》中提出："凡战者，以正合，以奇胜。""奇正相生，如环之无端，孰能穷之"就是奇正之术的体现。这一本质反映了作战力量的具体运用与变化，是作战指挥员主观能动性与战术艺术在战斗中的充分体现。奇与正是相对而言的。所谓"奇"，就是在警务实战中，违反"常态"而采取行动，体现了警务实战之特殊规律。所谓"正"，是指警务实战的常法，反映了警务实战的基本规律。具体而言，正面攻击为正，侧面偷袭为奇；明战为正，暗攻为奇；常规战法为正，特殊战法为奇。二者相生相应，使"诡道"的表现形式更为丰富多彩。

1. "正"为"奇"的基础

一般而言，在战斗中，"正"是战术的主要手段，也是运用最多，发挥战斗效能最大的方式，是"奇"产生的前提与基础。只有"正"法运用受阻或"正"法对于战斗而言损耗过大，才会采取"奇"法。正兵往往为奇兵作掩护，而奇兵以正兵为依靠，两者相辅相成。"正"与"奇"是一对对立的矛盾统一体，"正"是已然的、公开的，非常容易被对方察觉与掌握；而"奇"则是未然的、隐蔽的，对方难以掌握与察觉。因而"奇"往往处于一种较为灵活的状态，能于警务实战中占据主动地位，经常对取胜起到至关重要的作用。在现实中，常常出现过分注重"奇"胜的效果，强调"奇"胜而忽略了"正"的基础作用与前提条件。须知，没有"正"的基础与保障，单独以"奇"胜，虽然也有成功的可能，但其概率很小，危险性极大，几近于侥幸，在警务执法战斗中，是不值得提倡的。

2."奇"为"正"的补充

在警务实战中，特别是现代条件下的实战行动，犯罪团伙组织化程度之严密，智能化程度之高，技术之先进已远非此前可相比。"正"法虽可在一定程度上给予犯罪嫌疑人（团伙、集团）重创，但有时却不能收"全胜"之效，稍有不慎，还会得其小而失其大；而"奇"则可以补"正"法之不足，收"全胜"之效，是"正"的补充。

在警务实战中，"奇"主要表现为以下几个方面：

一是"奇"途，即在地点与路线上出奇。《九地》中提出："乘人之不及，由不虞之道，攻其所不戒也。"也就是说在战斗中，作战路线与作战地域的选择要出乎犯罪嫌疑人的意料才能取得奇效，收到胜果。

二是"奇"时，即在时间上出奇。"奇"时就是指在警务执法战斗中，在不虞之时采取打击违法犯罪的活动。一般而言，如伏击战斗中在夜暗、天候不良等时间开至犯罪嫌疑人必经之路，抓捕行动在犯罪嫌疑人熟睡或深夜等时机实施，都是从时间角度实施"奇"的一种"诡道"战术。

三是"奇"器，即在手段上出奇。最具杀伤力的武器就是犯罪嫌疑人没有见过的武器，是因为犯罪嫌疑人不知道其威力，更不知道如何去防御。对于警务执法战斗中的"诡道"而言，"奇"器就是使用一些最新研制的非杀伤性武器，或是对武器的非常规使用，抑或是对武器的巧妙伪装，等等，使犯罪嫌疑人在惊讶与意外之中为我所制。

四是"奇"法，即在战术与方法上出奇。战术之灵魂莫过于活，其奥妙莫过于新。"奇"法就是对战术方法的灵活运用、创新使用。警务执法战斗中的"诡道"就是使用犯罪嫌疑人无法想到的战术方法取胜。

3. 奇正转化

奇正转化就是在警务实战中，以"正"为"奇"的基础，"奇"为"正"的补充，充分发挥指挥员的主观能动性，创造性地运用"诡道"。"正"与"奇"是相对而言的，对于任何一种方法，第一次用则为"奇"，用的时间长、次数多，则变成了正法，实现了"奇"向"正"的转化。相反，正法用多、用久而无效,长久不用,偶然用一次,往往又会收到意外之奇效,则"正"又转化为"奇"。奇正转化实质就是要克服思维的定式,避免形成一定的规律,常用常变,常用常新,适时转化,以收欺骗犯罪嫌疑人(集团、团伙)之强大效果。

(三)真伪相容

所谓真伪相容就是指在警务实战中,故意向犯罪嫌疑人透露部分假消息或暴露假行动,以此来迷惑或误导犯罪嫌疑人。这一本质反映的是犯罪嫌疑人所掌握的有关警察行动信息与真实信息之间的偏差程度及所求信息中确定信息与不确定信息的清晰度。

1. 真伪相容的信息论分析

从理论上说,警察掌握着犯罪嫌疑人所要、所能了解的有关警察内部行动的信息。从信息论角度而言,警察为实施"诡道"的信源,而真伪相容则是真假信息相互渗透,具有模糊性与不确定性,它可以表征为信息熵[①]。由于信源是执法的警察,相对于犯罪嫌疑人而言,警察的信息就具有不确定性,由此,可以将执法警察(信源)所释放的信息量作为一个随机变量用 x_i 来表示,用随机变量的概率分布 $P(x_i)$ 来表示描述信源的不确定性,则警察所能控制的信息空间为:

$$\begin{bmatrix} x_i \\ P(x_i) \end{bmatrix} = \begin{bmatrix} x = x_1 \cdots x_i \\ P(x) = p(x_1) \cdots x_i \end{bmatrix}, \begin{bmatrix} 0 \leqslant P(x_i) \leqslant 1 \\ \sum_{i=1}^{i} [P(x_i)] = 1 \end{bmatrix} [②]$$

从以上概率空间可以看出,对于执法警察(信源)所释放的任何一个信息 x_i,都会有相应的一个不确定性 $P(x_i)$ 与之相对应,如果警察合理控制这些信息的不确定性,就会使这个概率空间更为复杂,真伪信息更加难辨,对于欺骗与迷惑犯罪嫌疑人的效果无疑是巨大的。

在警务实战中,往往不会只靠单一的一种方法就能取得成功,也就是说,

---

① 信息熵是信息论中一个概念。在理解信息熵之前,先介绍一下平均自信息。平均自信息是指信源发出某一具体消息所含有的信息量。发出的消息不同,自信息量就不同。自信息量本身为随机变量,不能用来表示整个信源的不确定度,我们用平均自信息量来表征整个信源的不确定度,即平均自信息量,也称作信息熵。参见:李亦农,李梅.信息论基础教程[M]. 北京:北京邮电大学出版社,2006.

② 李亦农,李梅.信息论基础教程[M]. 北京:北京邮电大学出版社,2006.

只靠释放一条信息往往收不到预想之效，需要有计划、有步骤地实施连续的"诡道"方法。由此，我们引入互信息这个概念，用 $I(x_i, y_i)$ 来表示，它所表征的是已知事件 y_i 后，可以消除的 x_i 事件的不确定性，它等于事件 x_i 本身的不确定性减去已知事件 y_i 所消除的不确定性之后还存在的不确定性 $I(x_i/y_i)$。用公式来表示就是：

$$I(x_i, y_i) = P(x_i) - I(x_i/y_i)$$

也就是说，对于警察运用"诡道"，通过适当地释放信息（事件 y_i），以不断消除犯罪嫌疑人对警察信息的不确定性（$I(x_i, y_i)$）。当然，这种信息的释放（对已知事件 y_i 的设计），将对"诡道"的实施有极大的作用。当 $y_i = 0$ 时，则警察作为信源，处于完全保密状态，而犯罪嫌疑人所能掌握的信息为 0，即不确定性 $P(x_i) = 1$，这时就是"诡道"的形式之一——蒙蔽式欺骗。当然，时代进入信息社会后，信息流通量相当之大，想彻底蒙蔽犯罪嫌疑人的难度也是相当大的。当 $0 \leq y_i \leq 1$ 时，警察适当释放一些信息，但真假混杂，而这些信息对于犯罪嫌疑人来说，可以消除一些不确定性，但也可能增大不确定性，即 $0 \leq P(x_i) \leq 1$ 或 $P(x_i) + P(x_i/y_i) \geq 1$（$P(x_i/y_i)$ 为犯罪嫌疑人得到 y_i 事件后产生的另一种不确定性的可能），这时，犯罪嫌疑人可能按所消除的不确定性所指向的方向采取犯罪行动，也有可能因为不确定性增大而放弃行动，这种欺骗形式就是迷惑式欺骗。在警务执法工作中，这种方式是最常见的方式，也较为符合犯罪嫌疑人的心理规律，成功率相对较高。当 $y_i = 1$ 时，也就是犯罪嫌疑人得到的是准确的警察的行动信息，完全消除了不确定性，则此时 $P(x_i, y_i) = 0$。也就是说，如果执法警察完全释放了行动信息，但这种信息是全假的，而对方不知情，则犯罪嫌疑人便会毫无顾虑地按警察设定的方式实施犯罪活动，这种欺骗就是纯误导行动，是欺骗形式的诱导式欺骗。这种方式虽然对于警察实施抓捕极为有利，但是，有时较为狡猾的犯罪嫌疑人警惕性较高，稍有不慎就会引起怀疑而导致功亏一篑。

2. 真伪相容的辩证关系

真与伪之间是相反相成的辩证关系。所谓相反，指真与假一般而言是相互对立、相互矛盾的。而在警务实战中，特别是在指挥员控制下人为制造出来的假相之间，则更多地表现相成的关系。这种相成的关系表现为：第一，纯伪难真。现代的犯罪嫌疑人具有较高的智商和灵敏性，获取情报的手段也相对较多，采取完全的蒙蔽式欺骗成功率极低。也就是说，单纯的假象很难使犯罪嫌疑人相信，必须真中有假，假中有真，真假相伴相映才能提高"诡道"的成功率，实施成功的欺骗。第二，成功的假象，其细节具有高度的真实性。这是根据警务实战的企图和执法环境等具体情况，顺应战斗特点与进程的发展逻辑设计出来的，其中每个细节都具有高度的真实性和合理性。

分析以上信息控制及真伪关系，我们可以看出，真伪相容，恰到好处，适当控制信息及消除犯罪嫌疑人对执法现状不确定的全过程，能将"诡道"的本质体现得淋漓尽致。

（四）数形相变

《势篇》提出："治众如治寡，分数是也。斗众如斗寡，形名是也。"数形同样是"诡道"中的一对基本矛盾，是表征战斗力量数量指标与空间形式的基本概念。

1."数"是"形"的基础

没有"数"，也就无所谓"形"。所谓"数"是指战斗中各要素的计量，主要包含三个方面的内容：一是作战力量要素的静态计量，其中包括作战力量、武器装备的数量多少；二是运筹计算，包括战斗战术计算方法、定量与定性运筹方法、战斗能力的评估等；三是作战力量要素的动态计量，包括损耗、行进速度、打击强度和程度。"数"是"形"产生的原料，只有"数"的存在，才能营造出"形"的变化，否则，"形"就是无本之木，无源之水。

2."形"是"数"的补充

一般而言，局部的警务实战，特别是在勤务状态向战斗状态突然转化期间，情况往往非常紧急，常出现人员不足的情况，即"数"少。在这种情况下，弥补这一劣势的方法就是"形"。也就是通过指挥员合理而灵活地对战斗力量进行配置，使战斗力倍增的一种战术方法，即对"数"的补充。所谓"形"是指事物空间的表现形态，主要是指执法警察所处的态势，如警力与武器装备的配置、双方对抗的态势等。警务实战正是指挥员在对犯罪嫌疑人及我方战斗因素"数"的科学评估、运筹谋划基础上，再通过"形"的布局后形成灵活变化的力量运用技巧，使"诡道"在打击违法犯罪活动中更加丰富多彩、神秘莫测。云南警方在一次侦查过程中，得知麻某家有大量可疑人员，后经进一步侦查得知是一股贩毒人员，且携带有大量毒品。由于贩毒分子的警惕，侦查意图很快暴露。为了有效打击这一股犯罪嫌疑人，3名侦查员通过合理配置，并通过合理造势，给贩毒分子形成一种人多势众的假象，成功迫降了由 7 名犯罪嫌疑人组成的贩毒团伙。在这一战斗中，执法警察成功地运用了数形相变这一"诡道"战术的本质特点，取得了骄人的战绩。

四、诡道论在警务实战中的运用

警务执法工作中有着大量的业务工作，当然，其主要职能还是打击各种违法犯罪活动，维护国家与社会的稳定。"诡道"作为孙子兵法中的核心理念之一，在打击各种违法犯罪活动中也有其十分重要的理论意义与实践价值。

"诡道"在执法及勤务工作中已经是一种常用的战术方法，在打击恐怖分子、走私、偷渡、贩毒以及其他暴力犯罪活动中发挥过重要的作用，表现形式也十分灵活多样，但重点还是表现在对打击对象的欺骗上，也是一种欺骗战术的运用。在此，我们着重就诡道的欺骗性进行论述，并将诡道的多变、出奇等内容寓于其中，以体现孙子兵法之"诡道"在警务执法工作中的运用。在实战或者其他执法工作中，我们可以将之分为以对方身份欺骗、以他方身份欺骗及以己方身份欺骗三种运用方式。

（一）以对方身份欺骗

以对方身份欺骗就是警察通过各种可能的途径，装扮成违法犯罪集团（团伙）成员，再以"犯罪嫌疑人"的身份对其成员实施欺骗，以便在战斗中取得优势。

1. 卧底欺骗

卧底欺骗是指在战斗过程中，为了获取犯罪嫌疑人（集团、团伙）内部准确的行动计划与企图等信息，公安机关根据侦查的需要指派战斗人员以虚假的身份打入其内部潜伏下来，以便获取战斗信息的一种战术与侦查方法。这种战术是获取犯罪动态、提供精确打击信息最有效的一种方式，同样，也是危险性最大的一种方式。一般而言，这种方式应用于打击特别重大犯罪活动的战斗准备阶段与实施阶段。2004 年 11 月 2 日，云南警方在各级部门的有力配合下，成功地摧毁了一起以境外毒贩韩某为首的特大武装贩毒案。在此次战斗中，各种核心情报的来源都是依靠数名警察采取卧底战术，欺骗毒枭，获取其信任而取得的，他们为此次战斗的胜利起到了关键性的作用。而且，就目前来看，对于社会活动中的有组织犯罪活动，卧底欺骗战术的运用是非常广泛而且也是行之有效的。

在卧底欺骗战术的运用中，侦查人员能否顺利地、成功地打入犯罪集团，是此战术成功的关键，因此，实施卧底欺骗战术需要正确地选择打入的时机与方法。

（1）卧底欺骗的时机选择

卧底就是要选择能够取信于犯罪集团核心成员的警察参战人员，通过合理掩饰真实身份，打入犯罪集团（团伙）内部展开情报搜集工作。要打入卧底，既不能急于求成，也不能消极等待。在一般情况下，在与犯罪集团成员比较熟悉，已经取得对方信任或其他机会比较合适时，即可逐步深入，进而达到打入的目的。

（2）卧底欺骗打入对方的方法

卧底打入是欺骗实施成败的关键，因此，要精心设计，精心安排，要根据不同情况选择不同的方法，要视打击目的、案件特点、进展过程快慢和打击对象的情况而定。常用的方法有直接打入和间接打入两种。

直接打入，即卧底人员主动接近犯罪集团中的某一成员，通过接触，渗入犯罪集团之中。具体而言，一是贴靠，即侦查人员主动贴靠犯罪成员，成功实施欺骗而实现打入；二是顶替，即通过秘密拘捕某一犯罪成员之后，由卧底人员顶替其名，打入犯罪集团内部。

间接打入，是指通过中间环节打进犯罪集团内部。这种方法通常是在犯罪成员非常谨慎、狡诈，难以直接接近，或一时选择不到直接贴靠条件的情况下采用的。具体而言，一是"熟人"引见，就是通过犯罪集团的社会关系或秘密力量引见，接近犯罪成员，通过欺骗打消其疑虑，成功卧底；二是组织"介绍"，即通过某一组织创造一定的条件，使卧底人员与犯罪成员在顺乎自然的条件下认识，进而与犯罪成员接触，迷惑犯罪嫌疑人，打进犯罪集团内部。

2. 离间欺骗

一般而言，犯罪嫌疑人（集团、团伙）都是依靠利益关系而形成的集合体，表面上看起来是一个整体，一致对外，实质上却都想利用对方的各种有利条件获取自己的利益，因此，其集团（团伙）之间难免会相互猜忌或因分赃不均而产生矛盾。这就为警察实施离间提供了条件与可能。尤其是在有组织的犯罪集团（团伙）成员中发生意见分歧、利益矛盾积累到一定程度几近激化时，巧施离间，对于瓦解犯罪嫌疑人内部团结力与凝聚力、削弱其力量是非常有效的。

采取离间欺骗，方法主要包括：一是抓住犯罪集团（团伙）的主要矛盾，暗中做离间工作，使其撤出犯罪集团（团伙），以削弱其力量；二是发现并利用犯罪集团（团伙）中的芥蒂，适时扩大之，挑拨其内部关系以分化瓦解。

采取这一战术应注意的问题：

（1）发现犯罪人（集团、团伙）中的矛盾

犯罪嫌疑人（集团、团伙）作为一个以利益为核心的团体，彼此之间的可信度低，派别之争、利益之争的矛盾客观存在。因此打入其内部的警方侦查员要有敏锐的洞察力，能够见微知著，通过长期对某些犯罪嫌疑人言行举止的观察，分析出彼此之间的亲疏与矛盾，为成功实施离间创造时机。

（2）合理利用主要矛盾

在深入把握犯罪嫌疑人（集团、团伙）内部分歧与矛盾之根本后，利用相互之间争夺的焦点和敏感问题，如内部分赃不均、争夺地位等，实施离间，降低犯罪集团（团伙）内部的信任度，破坏其内在的凝聚力，促使其内部分化。

（3）精选离间对象

精选离间对象就是要选准突破口，以实现逆用或使其脱离犯罪组织。作为以利益为主要凝聚力的犯罪集团（团伙）来说，其内部矛盾是非常多的，离间对象的最佳人选就是矛盾体现最为集中的人，如不受"老大"信任、嫉妒心强、野心大、利益分配不当及彼此之间存在仇恨的人。当然，离间对象也可以是那些原本并非故意犯罪，而是在不得已而为之的情况下犯罪或是虽开始时为故意而犯罪情节较轻，有悔罪心理或意愿的人，这些人因为思想游离于犯罪集团（团伙）之外，是警察实施离间欺骗的最佳人选。

（4）以证据说话

实施离间欺骗单凭劝说是难以奏效的，更重要的是以事实来证明这些矛盾，如分赃的数量对比、犯罪集团（团伙）具体行为中表现出来的对离间对象不信任、排挤等，使离间对象信服。因此在实施离间欺骗时还应对相关证据进行准备，以提高离间的成功率。

云南警方在瑞丽检查站例行检查时，发现两辆运输芒果干的货车。据可靠情报，这两辆车内藏有毒品。但是检查员无论如何找都没有发现，而情报几经研判也没有发现可疑之处。检查人员将重点放在驾车的两名驾驶员身上。但两名驾驶员非常狡猾，拒绝供述。于是警方采取了巧施离间的方法，精心布置离间。将一名驾驶员单独调离审讯室，并款待之，同时故意将审讯室的门留一个小缝，使另一名驾驶员能够通过小缝看到其与警方之间的活动。在与前一名驾驶员交谈吃饭之时，侦查员并没有直接谈及毒品案件，而是聊及其他，并在不经意间让其写下了"我已交代，你怎么不交代呢？"的字样。随后，一名侦查员将此字条交给处于审讯室内的驾驶员。由于此看到前一名驾驶员与执法警察聊得较为开心，再加上纸条上的内容，这名驾驶员就认为前一名驾驶员已经供述事实，如果自己再不供述则会罪加一等，失去从轻处罚的机会，遂将实情交代，并带领警方查获了运输的毒品。无独有偶，2014年7月20日，云南普洱警方在处置一起抢劫车辆并劫持人质的案件时，4名犯罪嫌疑人起初抵抗意志非常坚决，经过现场警方的细致耐心工作，成功离间了其中一名犯罪嫌疑人，最终成功地完成了解救人质的任务。在这两个案例中，警方成功地运用了犯罪嫌疑人求生的心理，对他们的攻守同盟进行有效的离间，取得了较好的欺骗效果。

3. 流言欺骗

所谓流言，就是一种社会心理现象，指在社会中相互传播的关于人或事的不确切的信息。流言一经发生，传播的速度非常迅速，经过辗转相传，往往面目全非。从社会学角度看，流言具有影响社会稳定的不良作用。辩证地看，流言如果应用于打击犯罪、瓦解犯罪集团（团伙）内部凝聚力，同样也会产生其他战术不具备的战术效果。流言欺骗是指警方利用流言这一社会心理现象，对作战对象进行欺骗的一种战术方法。

（1）流言欺骗战术的心理分析

对于流言，社会心理学家提出了三个描述流言传播的心理机制：一是"磨尖"，就是流言的接收者对接收到的流言主观过滤，断章取义，根据自己的知识与喜好突出某一方面的信息；二是"削平"，就是流言接收者把收到的流言依据自身主观想法重新组合，使情节更符合常理，故事性更强，易于向别人转述；三是"同化"，就是流言传播者往往会根据自己已有的知识和对事物的认识来理解流言的内容，并且将符合自己认识的内容保留，将不符合自己认识的内容删除，而且经常还会根据自己的理解进行适当的发挥。

流言之所以会产生，是因为信息需求主体对可靠信息的心理需求。特别是对一些较为敏感的事情，为信息接收主体高度关注、需求量相对较大的信息，正常的途径无法获取信息资源，或者正常途径信息资源无法满足需求时，信息需求主体就会产生需求的心理真空，而这个心理真空又急需信息补偿，那么非正常途径的信息便会乘虚而入。这正好为流言欺骗战术的使用提供了心理基础与有利的条件。正如美国心理学家 G·W.奥尔波特所提出一个著名的传播学公式：

流言流通量＝问题的重要性×证据的暧昧性（R=I·A）

从这个乘法关系式中可以看出，假如问题本身无足轻重，其值为零，或者事件本身并非含糊不清，流言也不会产生。

从以上对流言产生的分析来看，合理控制流言的范围，使其在犯罪嫌疑人内部产生欺骗效应，对于公安机关打击犯罪活动来说是有积极意义的。

（2）流言欺骗战术的运用

流言欺骗战术的运用主要包括两个大的环节：一是对犯罪嫌疑人内部成员日常行为活动的观察与分析。也就是说打入贩毒、贩枪、偷渡等具有较大规模、组织结构较为严密的犯罪集团（团伙）内部的我方人员，需要对犯罪嫌疑人内部成员的日常行为与活动进行仔细的观察分析，找出彼此间存在的分歧与矛盾，了解犯罪集团（团伙）的活动情况与规律，为采取流言欺骗战术提供可靠时机。二是制造符合客观事实与逻辑的流言欺骗对方。在掌握了流言欺骗战术的可用时机后，公安机关可以在一定范围内拟订流言的计划，以客观事实与犯罪活动实际为依据，按照犯罪嫌疑人的心理需求与犯罪活动发展规律设计，使其相信流言，并作出错误的判断，为公安机关对其实施打击创造有利的条件。

（二）以他方身份欺骗

以他方身份欺骗主要是指既不是以犯罪嫌疑人集团（团伙）成员身份出现，也不是以公安机关人员身份出现，而是以这两者之外的人员身份出现，对犯罪嫌疑人展开战斗的一种战术方法。这种欺骗战术方法的应用主要以乔装与冒充的形式出现。乔装与冒充是两种既相区别又相联系的方法，一般而言，乔装是冒充的手段，而冒充也是乔装的目的之一。这两种方法是公安机关在战斗中常用到的两种战术。

1. 乔装欺骗

乔装欺骗，是指改变原来的外部形象甚至内在潜质在外的表现以达到与所要表现的身份具有高度一致，使对方无法清楚地辨认出乔装者真实身份与意图的一种欺骗方法。在警务实战中，通常采用改变面部特征、服饰装束、语言气质等对犯罪嫌疑人进行欺骗。乔装的对象一般而言是与犯罪活动无关的大众形象，易于接近犯罪嫌疑人而不至于引起警觉，如乔装成农民、出租车司机、酒店服务员等。特别是在打击贩毒、偷渡等犯罪活动中，这种方法的使用尤为常见，且屡试不爽。云南普洱警方在查获"4·26"案件中，乔装欺骗起到了巨大的作用。2010 年 4 月 24 日中午，假装成和尚的阿弄、阿都从南垒河畔密林中悄悄潜入孟连，欲将其所携带毒品转移至勐马销售。4 月 26 日凌晨，二人到达勐马镇并在某旅馆内开了一间房。服务员看了看两人形迹可疑，遂向勐马派出所报警。勐马派出所侦查员迅速乔装成旅馆人员与服务员一起对嫌疑犯房间进行了检查。屋内种种可疑迹象及一股很浓的异常香味使侦查员意识到了毒品的存在，经过周密部署，勐马派出所成功将二人擒获。

乔装欺骗往往能在犯罪嫌疑人没有注意或警惕的情况下得到情报，达成战斗的突然性与精确性，极大地提高战斗效率。当然，许多贩毒分子也并不是等闲之辈，乔装的侦查员也存在着巨大的挑战与威胁。因此，在具体组织实施乔装欺骗时，应着眼于提高乔装欺骗的作战效能，需重点把握以下几个方面的问题：

（1）精选人员

一是细致挑选人员。挑选人员时要从气质特征、社会知识、警务技能与装扮角色等方面全面衡量，尽量安排熟悉任务地区社情民情、精通当地方言、具有地域相貌特征的人员执行任务，力求做到挑选的人员与乔装身份相适合，具备的素质与完成任务要求相适应。二是合理确定乔装身份。乔装身份应根据所要完成的任务、作战对象特点和活动环境而定，做到既要便于隐蔽，又要利于实施欺骗。对单位目标实施欺骗时，应选择与其相关的身份，可乔装成员工、家属或到该单位办事的人员。对闹事上访人群实施欺骗时，通常乔装成围观者或闹事上访人员，也可乔装成记者。对恐怖事件现场实施欺骗时，应按照上级要求，结合现场情况，乔装成医生、修理工、驾驶员等。无论乔装成何种身份，警察都应具有与身份相符的专业常识，真正进入角色，做到

"以假乱真"。三是谨慎选择欺骗目标。乔装施骗人员装扮的对象与所选择的欺骗目标有着紧密联系,警察应按照既定的预案或现场情况随机应变,合理、谨慎地选择欺骗目标。

(2) 精心装扮对象。

由于警察生活造就了其明显和特有的正直气质,遂执行任务前要对行动的警察(即施骗人)精心包装:一是着装、语言要融入。着装应力求大众化、职业化。乔装成群众时,应适合当地环境和季节,穿着大众化服装,携带与身份相符的物品;乔装成工作人员或记者时,应穿职业服装、携带工作必需品;乔装成任务对象时,应着与之相同的服装,携带相同的器械及各种符号、证章。语言应力求当地化,尽可能使用当地方言,使用普通话。要克服警务工作惯用语和发音方式,言论要与身份相一致,切勿发表不同看法。二是形象、表情要神似。形象、表情必须符合乔装身份和当地特点,做到装什么像什么,形似神也似。一方面要精雕细刻形象,根据装扮角色的特点,对执行任务的警察的发型、装饰等细致修饰,特殊情况下可戴假发、蓄胡须、佩首饰、印文身等;另一方面要严抠细训表情,紧扣装扮者角色的心理特征和行为方式,对施骗人员进行表情训练。如乔装成闹事分子时,要能露出仇恨社会、不满政府的表情;乔装围观群众时,要能表现出"不明真相又同情"的表情等。三是武器装备要隐蔽。要从便于操作、确保安全角度出发,精心伪装武器装备,做到既利于完成任务,又不暴露身份。使用秘录包、窃听器等特种器材时,要反复进行操控训练,掌握正确的使用方法和隐藏方式,确保能获取高质量的声像情报。

(3) 熟悉现场的目标情况

乔装欺骗前必须熟悉现场及目标的情况,才能达到赢得主动、事半功倍的效果。一是熟悉社情。行动前,应对事件的起因、性质、企图构成、任务对象的位置、人数、活动规律、组织者姓名及其他相关情况有概略了解;对当地风俗方言、衣着和职业情况等基本掌握。在特殊情况下,可通过走访、调查、询问等方法,对任务地域内的社情进行初步了解。二是熟悉地形。应通过分析地形图或实地勘察等方法,了解重点地区地形和重点目标结构等情况。行动前必须组织相关人员对地形进行分析,熟悉任务区域的地形、道路、居民地及其相互位置关系等情况。三是熟悉方案。乔装欺骗前应拟制预案,内容包括社情判断、活动地区、往返路线、完成任务的方法、各种情况的处置、联络信（记）号。

（4）灵活应对突发情况

执行任务的警察无论乔装何种身份，无论在何种复杂困难的条件下，无论面对何种突发情况，都应审时度势、随机应变。一是沉着应对盘问。当到达指定地点有人盘问时，应分析对方身份、揣摩对方的意图，从而根据问话的内容应答。若遇围观群众闲聊攀谈时，可借口看热闹、接打电话找人等予以回避；若遇闹事分子，可依据掌握的情况与设计好的方案与之周旋。二是视情应对遭遇。当与不法分子遭遇时，应视对手与遭遇程度冷静处理。若未被发现，则应保持一定的距离，避免近距离接触引起对方怀疑；若被发现，则应相互交替掩护，安全撤离。在欺骗过程中，应将施骗人员的安全作为工作的底线。三是果断应对身份暴露。当身份暴露时，应当机立断，先机制敌，变被动为主动，尽快撤离战场，以最小的代价取得战友的安全与自身的安全。四是主动规避熟人，如果被认出，可及时采取补救措施。如果是同一系统的相关人员，可用手势或眼神予以告示；如对方（熟人）是闹事人员，则应迅速退出任务。

（5）保持高度警惕

作为警务实战的执法对象，特别是一些大毒枭、大蛇头，作案经验丰富，警惕性非常高，所以警察在采取乔装欺骗时，更应严谨而灵活，不能有丝毫的松懈。对于这一点，警务执法中的施骗人员应注意：一是不要携带易暴露身份的物品。如带有单位印记或标记的物品，执法或警察统一配发的衣物等。二是少与无关人员接触。言多必失，对于无关人员，乔装人员应尽量少与之接触，最大限度地减少暴露的可能性。三是适时变换身份和地点。在乔装执行监视犯罪嫌疑人或者跟踪犯罪嫌疑人时，施骗人员或相关人员不宜总是在一个地点出现，或者总是以一种装束出现，这样会引起犯罪嫌疑人的警觉；可以不断变换地点与身份，消除犯罪嫌疑人的注意力，以此达成欺骗目的，为执行战斗任务创造更为有利的战机。

2. 冒充欺骗

冒充欺骗是指利用具有某一特征的人或物与罪犯或犯罪物品具有的相似性进而取代其身份或作用而进行的一种欺骗行动。例如，冒充毒品犯罪中的接货老板、冒充购买毒品的毒贩或偷渡客，以假物品代替真实物品等。浙江温州警方在破获"4·28"特大贩毒案件战斗过程中，冒充欺骗起到了关键的作用。2010 年 4 月，浙江温州警方在办理一起涉毒案件中获悉一名四川籍女子阿丽在向乐清市区一些娱乐场所牵线介绍大宗冰毒生意。警方获此线索后，立即成立专案组。经过长期调查确定交易地点后，专案组连夜研究制定了抓捕方案，采取冒充欺骗战术进行抓捕。由一名侦查队员冒充"买家"，其他侦查员冒充其马仔，见机行事。经过多番试探及与毒贩的斗智斗勇，毒枭终于将毒品带来交易，侦查人员立即将其抓获。

（三）以己方身份欺骗

以己方身份欺骗就是指公安机关执法警察在不改变身份的条件下，利用自身身份的条件为掩护，对犯罪嫌疑人实施的一系列欺骗战术。

1. 舆论欺骗

舆论辅助作战行动，古已有之，但舆论作为一种作战方式，却是近些年来才发展起来的，特别是进入信息化时代后才逐渐形成的。舆论战中很大的成分都是在利用舆论的力量实施欺骗，也就是说，欺骗性是舆论战的基本特征之一。它通过在信息源上隐蔽真实信息，制造虚假现象，干扰对方信息获取，使其形成错误的决策，以致动摇其决心和意志。在打击战术中，舆论欺骗的应用也较为广泛。舆论欺骗是指公安机关为了达成战斗目的，经过周密部署，有计划、有针对性地通过媒体公开有选择和可控的社会信息，作用于犯罪嫌疑人的认知领域，以蒙蔽、迷惑和误导犯罪嫌疑人，进而形成有利于公安机关作战的一种战术方法。

（1）内部公开信息欺骗

内部公开信息欺骗是指警务实战中，为了提高作战效率，化被动为主动，而在警察内部以非正式的形式发布欺骗信息，以便让公众及犯罪嫌疑人获取，进而达到麻痹其思想，暴露其犯罪行动的一种欺骗方法。于犯罪嫌疑人而言，警方的行动信息原本就相对较少，获取渠道相对单一，虽然这种方法有一定的非正式性，但其可信度又相对较高，对于欺骗犯罪嫌疑人，特别是处于怀疑不定状态下的犯罪嫌疑人而言是非常有效的。警方设置的信息障碍会在犯罪嫌疑人（集团、团伙）内部产生信息真空与信息饥渴，这一心理为警方采取舆论欺骗提供了可利用的条件，在这种条件下，警方通过主动公开一定的信息实施欺骗，其效果更为显著。2003 年 12 月 10 日，福建省福州市警方打掉一个组织偷渡团伙。在打击该团伙的过程中，警方经过近一个月的侦查与周密部署，首先抓获该团伙蛇头之一的曾某宝。另外两名蛇头曾某清与林某和曾某宝联系不上，开始有了警惕心，并暂停了犯罪活动。为了彻底打掉该团伙，福清警方通过媒体放出消息：在福州破获一起预谋偷渡日本案，抓获该组织的曾某宝等人。案件成功告破，对其他两人只字未提。曾某清与林某在得知警方的消息后，认为自己尚未暴露，曾某宝没有向警方提供相关信息，于是收拢偷渡人员，准备继续作案。警方对其复出严密监控，秘密部署抓捕行动，最终将两犯成功抓获。在该案中，警方巧妙地通过内部向社会透露信息，以麻痹犯罪嫌疑人的警惕，造成结案假象，以逸待劳，欲擒故纵，以有效、更灵活的欺骗战术将犯罪嫌疑人一举捕获。

（2）媒体公开信息欺骗

媒体公开信息实施欺骗主要是指警方通过当地的大众新闻媒体发布相关信息或局部信息，加强舆论宣传，营造一种氛围，以此影响犯罪嫌疑人犯罪意志、情绪、态度，威慑犯罪的一种欺骗作战方法。这种方法具有正式性，因而其真实性也较强，可信度大。但在欺骗战术中，媒体公开的信息欺骗并不是要愚弄公众、欺骗公众，其发布的信息不一定是假信息，而是巧妙地利用媒体对信息处理，公开局部信息或模糊信息，使犯罪嫌疑人收听或收看后会误以为是整体信息或最终信息，因而使其放松警惕、暴露行踪与其本质，从隐匿之处走出来，化敌暗我明为以逸待劳，为收"全胜"之效创造战机。

2. 行动欺骗

行动欺骗是指警方在作战行动中通过利用自然条件、犯罪嫌疑人心理及视觉等实施的欺骗战术。它主要体现在作战行动上，通过兵力配置、巧设诱饵、灵活机动等，以动施骗。

（1）隐蔽

隐蔽是指隐藏打击企图，秘密、隐蔽地行动，特别是开展接近目标、抵近打击目标的行动，以达成对犯罪嫌疑人的突然攻击。它是实现欺骗行动最基本的行动，也是达成欺骗的核心与关键。按隐蔽的层次，可将之分为以下两个层次：一是隐形。所谓隐形就是降低人或物与环境的对比度，使犯罪嫌疑人难以分辨。其主要方式就是伪装和保密，充分利用环境。如在伏击过程中，警方可利用着迷彩、脸上涂沫彩油等，使参战人员能够和环境更加融合；采取便衣查缉时，应着便装，以使违法犯罪嫌疑人难以发现警方的身份。这些都是对"形"的隐蔽。二是隐神。隐神就是指隐蔽真实的作战企图,以迷惑、引诱或误导犯罪嫌疑人,借机捕歼之的一种隐蔽形式。隐神通常可通过示形的方式来实现,如声东击西、欲擒故纵等。2003年8月15日,云南德宏木康检查站警方在检查一辆由瑞丽开往昆明的卧铺客车时,发现该车托运的两个装有咖啡的纸箱中,有10袋藏有粉末状疑似海洛因的东西。经排查,车上无可疑人员。据车辆驾驶员反映,该物品为一男子托运的,到昆明后有人联系。警方分析后认为此案可以延伸,因此对物品恢复原样后,通知客车继续开往昆明,同时派两名侦查员以乘客身份一起前往昆明,密切注视车上人员动向。经过对毒品的放行和侦查员的缜密侦查,终于在16日将前来接货的犯罪嫌疑人方某、马某、管某抓获。

在该案中,警方既使用了隐形伪装的方法,又采取了欲擒故纵的隐神的方法,对该案的侦破起到了巨大的作用。就目前警方在缉毒战线上的战术来看,隐形与隐神应用是非常多的,其实用性得到了上级的高度认可。

(2) 引诱

引诱就是采用示形用诈的方法,将打击对象引诱到布置好的地点,将其捕获的战术。该战术也适用于多种情况下的缉捕行动。为了避免武力对抗、人员伤亡,尤其是在打击重大缉捕对象或可能持有武器、凶器、爆炸物品(如武装护毒、运毒,恐怖分子及暴力性犯罪嫌疑人)以及挟持人质的犯罪嫌疑人时,一旦发生火力交战或者爆炸事件,极易伤及人质或无辜群众,因此,采用引诱抓捕的战术就显得更为重要。

实施引诱欺骗战术时,关键应突出一个"诱"字,应根据犯罪嫌疑人的性格特征、需要特征以及现场的实际情况,采用相应的引诱方法。如果打击对象属于性格暴躁且狂妄的类型,可采用制造事端的方法来激怒他,其他人员则佯装主持公道,偏向打击对象,并劝解他们一起到派出所、居委会等处讲理,以分清是非,待打击对象进入预定地点后,以突然的攻击将其捕获。如果犯罪嫌疑人进行涉及经济利益的犯罪,而且性格贪婪,执法的警方侦查人员可扮作买家,以诱人的价格向其购买商品,待打击对象相信后,再以看货或成交的理由,诱其离开人群,在到达预定地点后实施抓捕。

实施引诱欺骗战术时,担负引诱任务的执法侦查员一定要装扮得逼真。如果打击对象看出破绽,就难以上钩。为了稳妥起见,除抓捕组在预定地点设伏外，控制组、接应组应在不引起怀疑的前提下，尽可能靠近打击对象，在将其引诱到指定地点后，同时封锁住出入口，将其控制在死角内捕获。如果打击对象不上钩，则应立即改变战术进行跟踪，即跟踪至行人稀少或僻静处再实施抓捕。2003年8月27日，云南德宏木康检查站在例行检查时，发现一名男子形迹可疑，并从其身上搜出海洛因。在对其进行进一步的审讯过程中发现，犯罪嫌疑人李某只是运送毒品的马仔，幕后毒枭尚不清楚，只知道同车有"押货"人。根据李某的描述，检查人员对同车人员进行了严格排查，最终抓捕了"押货"人蒲某。据蒲某交代，指使他的是宋某。在其指认下，警方顺利将宋某抓获。为了彻底打掉这一团伙，警方尚需查出接货方。专案组研究决定，采取诱捕战术，即警方派出人员以宋某的名义与接"货"方联系，约定在泸州长途车站旁的某宾馆交货，诱其现身。经过缜密布控，接"货"方经过几番试探，最终被成功诱出，在交易时接"货"方徐某被一举抓获。

（3）佯动

佯动就是指通过制造假象，在不采取决定性战术行动的方向或地域内故意显示力量，以达到欺骗和迷惑作战对象的行动。其目的是隐蔽真实的作战企图，造成犯罪嫌疑人的错觉和不意，钳制或调动作战对象。在警务实战中，以佯动实施欺骗是警察打击犯罪嫌疑人的一种常用战术。一般而言，佯动是指不与犯罪嫌疑人直接接触，而是借助力量的展示使其作出错误的判断。警察在执法行动中的佯动可以分为三种基本形式：

第一，假打击。在战斗中，假打击就是通过虚张声势的打击行动造成犯罪嫌疑人（集团、团伙）的错觉，隐蔽真实的作战企图，以达到出其不意捕歼犯罪嫌疑人的目的的一种战术行动。

第二，假机动。假机动就是指警察在深入掌握犯罪嫌疑人（集团、团伙）情报的基础上，故意采取与打击犯罪活动不相符或难以构成对其有效打击的作战行动，以使犯罪嫌疑人放松警惕，实质上却采取积极有效的行动对其犯罪活动的地域密切关注，全力打击。其针对的目标主要是那些急欲实施犯罪活动，但又畏惧警察打击，因而处于犹豫徘徊之际的犯罪嫌疑人（集团、团伙），如走私、运送毒品以及毒品交易等活动。对于假机动，可以从两个方面来理解：一是机动规模是假的，即看似是一个组在机动，实则是一个中队或是更多的人在机动；二是机动所显示的目的指向是假的，即声东而击西。

第三，假撤退。假撤退是指警方在打击犯罪过程中，犯罪嫌疑人劫持人质、作战环境为居民区或人群密集区、其他重要设施目标区抑或地形极不利于执法人员实施打击的情形下采取的一种表面上屈服于犯罪嫌疑人（集团、团伙）意图，实质是化被动为主动、在机动中寻找战机的一种作战行动。

3. 技术欺骗

信息技术是一把双刃剑，在不断提高警察对犯罪嫌疑人打击能力的同时，也使犯罪嫌疑人的犯罪活动更为便捷、灵活，给警察的执法打击活动也带来了严峻的考验。技术对抗与欺骗已经成为警察打击边境地区走私、贩毒、偷渡等犯罪活动必不可少的利器，也是查控战术发展的一个必然趋势。就目前和未来一段时间而言，警察采取的技术欺骗战术主要有两个方面的内容：

（1）网络通信欺骗

网络通信欺骗是根据网络传输及网络系统中存在的弱点，采取适当的技术，伪造虚假或设置不重要的信息资源，使入侵者相信网络系统中上述信息资源具有较高的价值，并具有可攻击、窃取的安全防范漏洞，然后将入侵者引向这些资源。当然，警察的网络通信欺骗技术水平相对来说并不是很高，方法也相对来说较为简单。就目前来看，利用网络实施犯罪活动在恐怖分子中较多见，主要包括三个方面：一是利用网络组织凝聚恐怖组织内部人员。许多恐怖组织头目都在境外遥控指挥，利用网络等手段向边境地区的恐怖分子进行极端思想教育与各种恐怖袭击方法培训，甚至还进行一些简单的自制武器制造培训。二是对外进行恐怖言论宣传。即利用网络散布恐怖言论，以激起严重的社会恐慌，给恐怖分子实施恐怖行动创造时机。这些网络犯罪活动不仅增加了犯罪活动的隐蔽性，而且传播非常迅速，影响面非常广，危害也非常大。三是利用网络攻击窃取警察信息、破坏监控设备与信息处理设备，给警察工作制造障碍，为犯罪活动作掩护。

基于目前犯罪嫌疑人采用的网络辅助犯罪活动，警察应以更为积极有效的方式予以应对。从"诡道"角度而言，如果条件允许，可以采取以下方法：一是采取代理服务器或假IP产生程序，迷惑犯罪嫌疑人，使其无法找到目标机的真实IP，使网络攻击目标难以确定；二是查找对方主机IP及其系统漏洞，并向其植入木马或其他后门程序,及时发现并读取其犯罪活动的意图,积极主动部署警力,以更快、更准、更奇的方法将犯罪活动消灭在萌芽状态;三是拦截阻断通信信息以蒙蔽犯罪嫌疑人,可以通过网络监视,对犯罪嫌疑人的网络行动予以监视,发现异常动向,及时拦截,既使警察获得了打击的主动权,又建立了完整的证据体系,还蒙蔽了犯罪嫌疑人,以此来收一石三鸟的战斗结果。

(2)电磁通信欺骗

目前,跨境犯罪活动的手段越来越趋于高技术化,卫星电话与装备,甚至国外军用电磁通信系统为犯罪嫌疑人(集团、团伙)所用,大大提高了其遥控指挥与犯罪能力。另外,犯罪嫌疑人(集团、团伙)也不再是单靠被动逃避警察打击而进行犯罪交易,相反,许多犯罪嫌疑人(集团、团伙)通过安装窃听器材监听警察的通信,获取警察的作战企图,以便更为主动与灵活地采取对策进行犯罪交易,逃避警察的打击。潜藏于边境地区的恐怖分子进行恐怖活动、邪教组织传播反动言论扰乱人心也有很大一部分是采取类似的方法,严重地威胁着边境地区的安全。基于斗争的现实需要,电磁通信欺骗在战斗中应运而生。电磁欺骗就是有意识地发射、转发、变换、吸收或反射电磁波,以及向作战对象的电子侦察、通信系统提供假情报,迷惑、欺骗对方,降低犯罪嫌疑人(集团、团伙)的运转效能,为打击犯罪创造良好的条件。就目前的警务执法战术实践来看,电磁通信欺骗主要有两种方式:一种是监听,即警察通过技术手段对犯罪嫌疑人(集团、团伙)使用的通信工具与信号进行监控,在其不知情的情况下听取犯罪嫌疑人(集团、团伙)的通信内容,进而采取相应的打击行动的一种欺骗方法;另外一种是更改信号内容,即警察通过对犯罪嫌疑人(集团、团伙)通信信号的拦截、更改,使其按照警察的设计意图行动的一种欺骗方法。这种方法实现的难度较大,欺骗效果明显,但对警察战术实施者的技术水平要求非常高。当然,如果事先知道犯罪嫌疑人(集团、团伙)对警察的某一通信设备采取了监控措施,也可以将计就计,故意向犯罪嫌疑人透露假情报,误导其犯罪活动,使其自投罗网,于不知不觉中为警察所擒。

但是需要注意的是,电磁通信欺骗的运用需要有严格的审批程序,运用不当还会侵犯相对人的合法权益,引起不必要的法律侵权纠纷,使警察陷于被动,形象受损。因此在使用过程中也要依法行事,慎之又慎。

五、经典案例与解析

"6·27"辽宁特大偷渡韩国案

一、基本情况

2003年7月13日,丹东警方接到上级通报:6月27日,韩国海警在统营海岸查获82名中国籍偷渡人员,上级已将此案列为挂牌督办案件。7月13日至8月28日期间,丹东警方陆续从大连、上海、长春、青岛口岸接回韩国分5批遣返的75名偷渡人员。后根据审查情况,先后在黑龙江、吉林、辽宁、福建等地抓获主要组织者9名,成功告破全案。

二、战斗过程

2003年7月13日,丹东警方接到上级通报后,立即成立"6·27偷渡案"专案组,下设抓捕组和案件审查组。专案组要求以"查清全案、深挖蛇头,摧毁偷渡犯罪网络"为基本侦查思想,以高度的政治敏感性和工作责任心,全力抓好案件的侦查工作。同时,专案组也意识到,此案的侦破与一般偷渡案件有所不同,前期涉案证据较少,案件发生后,涉案的蛇头已经四处逃散,前期的有利条件已经不再具备。在案件侦办期间,上级也多次听取案件侦办进展情况,并召开案件分析协调会,参与会审,对案件侦查工作提出指导意见。

13日晚至14日凌晨,专案组突审首批遣返的7名偷渡人员。在审查中,该7人拒不承认从丹东沿海乘船偷渡韩国,供述中交代的偷渡组织者情况不详,并说偷渡韩国是因为受骗上当,要求交罚款返乡。针对这一情况,办案人员灵活运用审讯技巧,逐一突破其心理防线,偷渡人员陆续开始交代:在韩国被羁押期间,他们已与蛇头及家人联系过,如果承认从丹东沿海地区偷渡,将要被遣返回丹东追究刑事责任,同时,蛇头还对偷渡人员保证,若不交代蛇头情况,蛇头会再次送其偷渡韩国,并以减少偷渡费用作为此次罚款的补偿。

7月14日凌晨,专案组召开案情分析会,认为首先应着眼大局,避免打草惊蛇,不要急于抓捕个别蛇头,必要时"放小打大",近期还有大批遣返人员陆续回国,要掌握整个偷渡案件的组织网络,集中出击;第二要及时与检察院沟通，必要时请检察院提前介入，为下一步打击蛇头做好先期准备工作；第三要通过特情与技侦部门，秘密对蛇头的身份进行核实，掌握动向，适时组织实施抓捕；第四要对遣返偷渡人员进行政策教育，发展能为我方工作的人员，协助抓捕蛇头；第五要加强外围的调查取证工作，充实证据。

数日后，丹东警方陆续从上海、长春共接回30名偷渡人员。经审查，蛇头姜某、林某、赵某、吴某等人浮出水面，整个案件组织实施犯罪过程已经基本清晰。2003年4月至6月期间，韩国蛇头与国内蛇头吴某等人相互勾结酝酿、策划、组织偷渡，并吸收国内黑龙江、吉林、辽宁、福建等地无业、在当地有煽动力的闲散人员为下线，招收偷渡人员，整个组织团伙采取不见面、定期手机联络的方式，秘密组织他人偷渡韩国。下线蛇头姜某、赵某等人以6万元至8万元不等的偷渡费用，从本地或异地采取介绍、拉拢、引诱等方式公开或秘密组织偷渡人员。6月15日，在姜某、林某等人的带领下，偷渡人员从各地集结到东港市北井子镇某养鱼塘附近的小屋内。6月16日凌晨，偷渡人员登船出海。6月27日，82名偷渡人员在韩国登岸后被韩国海警抓捕。

7月19日，吉林抓捕组进驻吉林永吉县双河镇。经过一天的秘密走访，得知蛇头姜某（仅知绰号为"阿江"）等人从6月份以来，已经不在当地露面，听说去北京打工。抓捕组并没有就此放弃。7月20日，办案人员在调取姜某的住宅电话及通话情况时，发现其家中自7月份以来有话费产生。针对这一新情况，警方立即与双河镇派出所沟通并取得配合，在该辖区进行秘密排查。17时许，抓捕组一名懂朝鲜语的办案人员在走访中，偶然听到一个小学生用朝鲜语说姜某前几天晚上到他家吃饭，喝了很多酒。警方随即与双河镇派出所对姜某家所在地进行监控。23时，办案人员将冒雨夜归的姜某抓获。经突审，姜某如实供述了组织偷渡一事。抓捕组决定，由两名侦查员连夜押解姜某回丹东，其余办案人员立即赶赴吉林抓捕蛇头林某、赵某。经过一周的细致排查，侦查员于7月27日终于摸清了林某现藏匿于永吉县口前镇，同时赵某身份、住址等情况已固定。15时30分，林某在口前镇站前车站落网。17时，经偷渡人员指认，赵某在其家中被抓获。

辽宁抓捕组也于7月19日抵达鞍山。当侦查员赶往蛇头金某家时，发现金某已不住此地，所开饭店已经停业。经过一天的走访，侦查员得知绰号为"小弟"的蛇头金某现在永乐区经营一个麻将馆。7月21日18时，金某在其临时住所内被抓获。抓捕组立即组织力量进行突审。在警方强大的政策攻心下,金某表示愿意立功赎罪,要求积极配合办案人员抓捕其上线蛇头李某。当夜,抓捕人员赶赴沈阳,蹲坑守候。7月22日13时许,蛇头李某在西塔区落网。

辽、吉抓捕工作顺利开展的同时,福建方向的蛇头陈某、吴某、欧某等人早已在案发后逃匿,抓捕小组将线索通报福州警方。在福建工作期间,抓捕小组对偷渡人员提供的蛇头绰号、假名予以更正,并带回福建籍蛇头的照片及真实身份证明。通过辨认,24名福建籍偷渡人员基本上能指认出照片上的蛇头。经过缜密部署,专案组决定对个别情节轻微、具备接触蛇头条件的偷渡人员从轻处罚,并进行政策教育,使其能为我所用。同时对已处理的偷渡人员故意透露"此案已完成上级交付的任务,抓获5名蛇头,已经结案,专案组已经撤销"等消息。

8月下旬,福建籍返乡偷渡人员向我专案组举报,蛇头吴某等人的家人询问案情,该偷渡人员称案件已经结束,并将吴某等人家中新换电话号码提供给专案组。专案组分析认定,吴某等人还在当地隐藏,流窜性不大,随即将此情况通报福州警方。9月1日,福州警方通过对吴某家的电话进行技术侦查,在某宾馆将吴某抓获,随后移交丹东警方。10月23日和25日,陈某、欧某也相继在福州落网。30日,福建抓捕组再次赶往福州。在对陈某、欧某审讯时,陈某交代其上线蛇头余某仍在福州。抓捕小组经过研究,决定立即进行布控。经过一夜守候,于次日13时,成功将余某在一家咖啡厅抓获。至此,全案成功告破。

三、谋略解析

(一)利而诱之,成功实现逆用

在本案中,偷渡人员相对而言违法犯罪情节较轻,但是由于受到蛇头的盅惑与威胁,面对警方,不敢将实情说出。另外蛇头还承诺如果不据实供述情况,下次还将给出偷渡的优惠。面对违法犯罪的现实情况,是否主动交代决定着量刑情节的高与低,基于犯罪嫌疑人中情节与情况的不同,情节较轻的偷渡客自然不愿意与情节较重的同样量刑,争取从轻处罚也在情理之中。正是基于这样的心理,警方巧用审讯技巧和"利而诱之"的谋略,成功地在嫌疑人金某身上找到了突破口,实现了逆用。

(二)巧妙欺骗,营造抓捕机会

福建方面的蛇头陈某、吴某、欧某等人早已在案发后逃匿,要将之成功抓获难度较大。且通常蛇头较为狡猾，偷渡客们想找到他们比较难，但他们要找偷渡客则相对比较容易。基于这样的现实，警方对于情节轻微、悔罪表现较好的几名福建籍偷渡客提前释放，并在办理相关手续时，民警相互间聊天，形成"不经意"的假象，透露了"此案已完成上级交付的任务，抓获5名蛇头，已经结案，专案组已经撤销"的消息。结果恰如警方所料，被释放的偷渡客在回到家后不久，蛇头吴某等便现形，间接通过家人找到偷渡客，询问了解相关情况，在得知"结案"的消息后，开始放松了警惕，在公开场所活动，为后续的布控与成功抓捕创造了极为便利的条件。这种巧妙的"信息欺骗"成功地将藏匿于暗处的蛇头引向明处，体现了民警对"诡道"的运用与高超的谋略智慧。

小结："诡道"是孙子兵法战术思想的精华，其精义我们在上文已明确，是一个抽象的寓欺诈、多变、出奇等方法于一体的谋略方法概念集，恰当合理地使用之，可以实现化被动为主动，"四两拨千斤"的效果。警务实战既具有智力对抗特征明显，又兼有暴力对抗的特殊性的实际情况，我们更需要继承之、发展之，以便更好地应用与创新。

专题四
势论及其在警务实战中的应用

"故善战人之势,如转圆石于千仞之山者,势也。"

"势"是中国古代战术与谋略思想的一个重要的概念范畴,是反映作战力量与其内外部环境之间相互关联的一种状态,是力量借助内外部条件发生最大效能的一种外部反映。它不仅表现在力量与其周围条件联系而构成的最佳组合形态,还表现为借助条件可以成倍地增大其能量的一种形态,是中国战术文化与谋略思想的精华内容之一。

一、势论的含义

"势"的提出最早源于《势篇》,孙子是第一个提出专论"势"这一理念的军事理论家。在其兵法中,共有14个"势",有着不同的含义。《计篇》中两次提到势:"计利以听,乃为之势""势者,因利而制权也"。《势篇》中有:"战势不过奇正,奇正相生,如环之无端,孰能穷之。""激水之急,至于漂石者,势也;""是故善战者,其势险,其节短。势如彉弩,节如发机。""勇怯,势也。""故善战者,求之于势,不责于人,故能择人而任势。任势者,其战人也,如转木石。""故善战人之势,如转圆石于千仞之山者,势也。"综合各种"势"在孙子兵法中的含义,如表1所示。

表1 孙子兵法中的"势"及其含义

篇名	语句	含义
计篇	计利以听,乃为之势,以佐其外	有利的态势

续表

篇名	语句	含义
计篇	势者,因利而制权也	形势或者有利的态势
势篇	战势不过奇正,奇正相生,如环之无端,孰能穷之	这里有作战方法与态势的含义
	激水之急,至于漂石者,势也	能量向力量的转化
	是故善战者,其势险,其节短	力量的打击力度
	势如彍弩,节如发机	力量的蓄积
	勇怯,势也	士气、胆量之义
	故善战者,求之于势,不责于人,故能择人而任势。任势者,其战人也,如转木石	把握与驾驭当时战场的环境与形势
	故善战人之势,如转圆石于千仞之山者,势也	力量的发挥
虚实	兵无恒势,无恒形,有因敌变化而取胜者,为之神	这里当状态讲
地形	远形者,势均难以挑战,战而不利。夫势均,以一击十,曰走	敌我双方对比的态势

从上文的归结来看,孙子之所以提出"势"并单独以"势"为名写一节内容,主要还是基于力量与环境之间的相互联系。因此本节所讨论的"势论"也主要基于这一角度深入研究。那么究竟什么是"势"呢?吴如嵩先生说:"形是物质的运动,势是运动的物质。"江贻灿先生说:"势是战争力量的发挥。"物质在其运动过程中会产生巨大的能量,在不同的状态之下,会产生出不同的能量与优势。洪兵则认为:"势"是指力量综合借助外在条件发生最佳作用时的一种外在形态。也有人认为,"势"是"几种'力'由于物质运动产生的,而它的大小则是由于物质自身质量的大小和外界普遍存在位差高低以及外力对物质作用的强弱决定的。"

综合上述分析,我们可以看出,各家之言虽有不同,但表达了一个共同点:势是作战力量与内外部环境之间的矛盾关系的表现。因此对于"势"的含义,我们可以总结为:势是力量在不同条件下发挥以使其能量产生成倍变化的一种动态效应。当然,这种成倍变化在运用恰当时是一种倍增效应,相反,则是一种倍减效应,在实际战例中,这种情况屡见不鲜。

二、势的特征

(一) 综合性

1. 从构成来看,势是由多种因素构成的整体

势是由战斗地域地理环境的位置高低、是否有利于隐蔽、是否有利于机动、是否有利于发扬火力、作战时机的选择是否恰当、作战对象的选择是否有利、武器装备与训练水平、精神状态等多种因素构成的整体,是诸因素相互制约、相互补充的内在结构组合的外在表现,而不是由单纯的某一因素所能决定的。

2. 从作用来看,势是特定状态中作用于战斗双方的对立统一体

势作为一个诸因素相互作用、相互影响而构成的统一体,作用于战斗实体静态实力转化为作战效能的过程。因而获取有利的势,一方面有利于警察机动、隐蔽、发扬火力和提高战斗士气,击其要害;另一方面,也作用于各种违法犯罪嫌疑人,对其造成心理的威慑和形成实际的控制,甚至能收到不战而屈人之兵的效果。因此,势作用于战斗双方,并在一定程度上影响战术手段及战斗结局的综合统一体。

(二) 相对性

1. 从战斗双方来看,势对于战斗双方来说具有相对性

战斗中,势常常是相比较而言的,判定势时不能仅孤立地只看到自己,不顾对方。当各种条件有利警务实战效能发挥时,要考虑这些条件也可能有利于对方;当各种条件不利于我方时,又要考虑到这些条件对犯罪活动更加不利。"不能尽知用兵之害者,不能尽知用兵之利也。"因此,一切优劣都是相对而言的,没有绝对的有利条件,也没有绝对的不利条件。

2. 从战斗的过程来看,势在一定条件下向战斗双方转化

"战斗不同于任何其他社会实践活动,它是两个具有能动性的武装集团在智能、技能、体能等方面所进行的激烈对抗",具有瞬变性。因此,在战斗过程中,"我之劣势可因我之努力而得到扩大,敌之优势可因我之努力而削减"。当然,不可否认,我之优势也可因我之失误而削减或丧失,敌之劣势也可因我之失误而得到弥补。可以看出，优势是一个相对的优势，在一定条件下是可以向着双方转化的，不存在理想中的绝对的优势。

（三）动态性

所谓动态性就是指战斗中战斗双方的情况随着战斗的不断变化而导致优势也在不断变化的性质。战斗的一个显著特征就是战斗变化快，战斗持续时间短。正是由于战斗这种随时间不断变化的特性使得战斗地域的形势不断发生变化，战斗前部署和占据的优势也会随着战斗的进行和战斗对象的转移而发生变化，不足以控制违法犯罪嫌疑人，甚至制约警察的战斗行动。这就要求警察随着战斗的进行审时度势，不断因形制变，谋取动态优势。

三、势发挥的条件

孙子兵法关于势的发挥条件论述了两条，即"势险"与"节短"。分析之，我们可以得出，势险就是指具备势发挥可利用的外部条件，以使能量得到充分释放，如"圆石"与"千仞之山"。节短包括两个方面的内涵：一是短促有力，即能量能够于集中的短时间内得到最大限度的释放；二是时机恰当，即选准能够最有效释放能量的时间点。但是，对于势的发挥，是不是仅仅这两个条件呢？笔者认为，这还不够。作战毕竟是两个具有能动性的团体之间的武力对抗，精神因素至关重要，也在影响着势的发挥。同时，时代进入信息时代，技术因素也在一定程度上影响着势的发挥。基于以上分析，我们应该继承前人的优秀思想，并在其上进行与时俱进的发展与完善。基于以上认识，笔者认为，势的发挥条件应从以下方面加以考量：

（一）力量要素

力量要素是构成作战的基础要素，也是最为基本的物质要素。势是力量借助外部条件发挥作用的一种形态，因此可以看出，力量条件是势的必备基础条件。一般而言，经典理论将力量划分为人、武器及人与武器的结合。不论人还是武器，还是人与武器的结合，都是势存在并发挥作用的物质载体，缺一不可。

（二）时间要素

时间要素是作战存在并发展的基本要素，当然也是势存在与发展的条件，表现在警务实战过程中，就是对作战时机的把握、对作战进程与节奏的把握。时机选择恰当、节奏适度可以获取极大的优"势"，甚至可收不战而屈人之兵的效果。相反，时机选择不当，不仅劳民伤财而无果，甚至会付出鲜血与生命的惨痛代价。这当然也是对孙子兵法关于势发挥条件——"节短"的一种继承。

（三）空间要素

空间要素是指作战依赖的空间，即战场环境条件。它是承载作战的物质载体，主要包括地形地物条件、天气及水文条件等内容。优"势"的发挥指的就是在执法作战中占据有利的地形，依靠有利的地物，利用有利的天气与水文条件，以使作战力量及能量稳定高效地发挥，并取得胜利的一种状态。

（四）技术要素

技术要素也是影响势发挥的一个重要条件，主要表现为武器装备的现代化程度。一是交通工具，它制约着机动速度的快慢；二是武器的先进程度，它制约着警察打击犯罪嫌疑人的程度与执法效率；三是通信装备，它制约着情报信息的流通速度、指挥效能与精确打击的程度。随着我国警务信息化与智慧警务的推进，警务实战与信息化平台得到了长足的发展。特别是指挥平台，在大数据与区块链技术的支撑下，形成了扁平化实时动态指挥与科学决策的综合性平台，对于打击各种违法犯罪、有效应对突发事件起到了至关重要的作用，同时取得了极大的优"势"。

（五）精神条件

精神条件在战斗"势"的发挥中表现为"士气"，而警察的士气又表现为两个方面：一是自信度，主要是由警察训练水平、武器装备水平、作战单位的整体凝聚力以及法律应用能力等决定的。自信度高，训练有素，指挥员经验丰富，内部关系稳定，士气就高，势的发挥效率就更高，相反则低。二是警察的主观态度，就是警察对待执法作战行动所持有一种积极的态度。发自内心地打击犯罪、维护社会稳定，则士气高；相反，则士气低，势的发挥效率也相应差。

四、势论在警务实战中的应用

势是影响警务实战力量发挥作战效能的诸因素的总和，是影响警察作战的静态力量向动态效能转化的外部条件，也是转化的枢纽，决定着转化效率的高低。而战斗又客观地存在着一些作战局部力量较弱的现状与执法性、涉外性、武装性于一体的根本性质，势的应用有助于弥补作战力量的不足。

势有时是存在的，有时是不存在的，需要看执法战斗的战场环境及各因素的状态。根据执法战斗中势的存在性，我们可以将之划分为三种应用方法：因势、借势、造势。

（一）因势

因，就是沿袭、顺着、趁。因势就是顺着势而采取执法战斗行动。它是指敏锐地抓住警察与犯罪嫌疑人（集团、团伙）之间构成的对立统一的矛盾系统之中已存在的势，并将之利用发挥，使警察在打击犯罪嫌疑人的效能上产生倍增效应。一般而言，因势包括：

1. 因人而异

因人而异之中的"人"是一个广泛的概念，是指一类群体，主要包含两个方面，即对抗双方。具体到警务实战过程中，就是警察与犯罪嫌疑人。

从警察角度来看，发挥"人"势主要指两方面：一是发挥"人多势众"。即从力量角度上来看，如果条件许可的话，发挥力量优势，以便在战斗中取得主动权。二是发挥"气势"。就是通过平时的严格训练，包括技能的、智能的、体能的、心理的各种训练，提高警察的综合素质，以提高警察打击犯罪嫌疑人（集团、团伙）的自信度，发挥"气势"；同时，还需要采取不间断的思想教育，树立邪不压正的思想，提高其责任感、使命感，并使警察形成主动参战，积极应战的"气势"。当然，警察内部客观地存在着不足，也正因为这样，警察才需要因势，要根据这些人"势"的标准，进行合理的战斗部署，取我之长作为发挥人"势"的作用点，最大限度地发挥战斗效能。

从犯罪嫌疑人角度来看，因"人"就是要根据犯罪嫌疑人（集团、团伙）

的主观恶性、犯罪程度、犯罪经验、团伙大小及犯罪能力等因素综合分析，发现其存在的弱点作为势的发挥点，以增强对其的打击力度与效能。

2. 因地制宜

警察执法环境极其复杂，无论是大中城市还是偏远地区、边境地区，都有着复杂的地形与环境条件，影响和制约着战斗力的充分发挥，甚至成为关系战斗胜败的关键。因此，在执法战斗中，能否占据有利的位置形成优势（位势优势），如何选择和占据位势优势同样关乎战斗的成败。因地制宜就是指警察根据作战地域的现有的环境条件，充分挖掘之为警方利用。一般而言，警察在战斗中需要占据有利的地势，具体而言，位势优势可以从以下方面获得：

（1）占据高位势

高位势是由于空间位置相对较高而使战斗效能倍增的状态。高位势便于观察低位势的情况，便于发扬火力和控制低位势。警务实战不同于大规模军队作战，其作战对象主要是各种违法犯罪嫌疑人，作战的装备也仅限于警械或者轻武器，因此，在执法战斗中，地形因素对于战斗的胜败具有十分重大的影响，夺取高位势就是取得战斗主动权的一个重要方面。它对于警察充分发挥战斗力，尤其是在对违法犯罪嫌疑人实施快速控制、抓捕或打击歼灭行动时，能有效地提高警察的行动速度，进而达到速战速决的目的。如图1所示，贩毒分子欲沿边境小路越过我国边境线向我国境内贩毒，警察在接到情报并分析后作出如下部署，初步预定将犯罪嫌疑人捕歼于D点。从图1中可以看出，警察的兵力部署较为科学，分别占据了我方境内A、B、C三个高位点，对于我方实施战斗十分有利。但同时还需要注意，夺取和占据高位必须

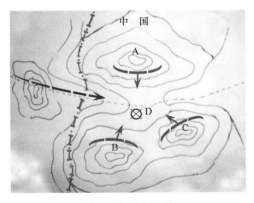

图1　占据高位势

以隐蔽自己、发挥战斗力、快速机动以及实现作战目的为准则，视情而定，灵活掌握，不能机械地认识，见高就上。

当然，随着时代的发展，高位势也不仅仅局限于地理特征方面，信息高位势与法律高位势同样是警务实战中的重要方面。

所谓信息高位势，就是指警察在作战与执勤过程中需要充分占据制信息权，在信息的来源、收集、传递、整理与使用等方面都能从广度与深度上占领有利的作战信息。即运用区块链技术收集信息，运用大数据技术进行全面的分析与研判信息，以精确的信息指挥警察打击犯罪，争夺作战的主动权。当然，近些年来，网络技术的发展极大地提高了警察的指挥效率，但是，网络黑客的攻击也从来没有停止过，在这条看不见的战线上作战，维护警务合成作战指挥系统与办公系统的安全，防止涉密信息的外泄，与警务实战具有同样重要的作用。信息指挥系统与办公系统的维护防御与"黑客"的暗战，同样是警察控制信息权的重要方面，也是保持信息高位势不可忽视的内容。

与此相关，法律高位势也是作为警务实战中必不可少的一个方面。所谓法律高位势，就是警察在执勤与作战过程中，侦查缜密、警出合法，有理有据，且违法犯罪事实确凿、程序合法，使作战对象无力抗辩，战后的证据收集与管理都能进行专业化处理，使警方的一切行动都受到法律的保护。

（2）占据险位势

险位势就是指所占据的地形险峻，易守难攻，使战斗效能得到充分发挥，如深涧、狭谷、沟壑等。判断一个位置具不具有险位势，就是看其在战斗中能不能达到以少制多、以点制面的效果。如图1所示，警察在A、B、C三点分别进行了警力部署，可以有效地对预定捕歼的地域D形成全面的控制，由此可看出，A、B、C三点同样也是本次战斗的险位。虽然目前警务实战从总体上来说具有有形战斗力的绝对值大于战斗对象的优势，但是在一些偏远地区，辖区面积广、地形复杂以及警察现行编制的现状对执法战斗力的分散作用也是不容忽视的。相对来说，在情报的可靠性较差的情况下，战斗部署能否占据险位而形成优势，对于利用有限的战斗力取胜来说是具有十分重要的实际意义的。

（3）占据要位势

要位就是指对战斗全局起决定作用的要塞、隘口以及场所等点位的统称。由于占据了这些点而形成的有利于警察在战斗中掌握主动权的状态称为要位势。判断某一地点是不是要位主要从其战术价值来衡量，也就是看其对警务实战对象的控制程度。在一般情况下，要位应当是地处要冲，利于我方卡口、要道和控制战斗地域，对警务实战全局起着关键作用的地形，如图 1 之 A、B、C 三点。

我国警务实战的环境相对比较复杂，特别是贩毒贩枪活动比较猖獗的云南、广西边境地区，以及恐怖分裂活动比较猖狂的新疆边境地区，再加之这些地区地域面积大，警察编制人员较少，如果不对地形进行合理科学的应用，是很难达到有效控制或打击目的的。因此在警务实战中，必须充分利用要位这一有利条件，发挥其潜在的战斗力，以弥补警务人员不足的现状，力争对犯罪嫌疑人最敏感、最害怕、最关键的部位形成控制，以此夺取警务实战的主动权，最低限度减少警务人员的损失。

"在选择要点时，必须把战术价值放在第一位，把地形条件放在第二位。地形条件应服从战术价值，有利的地形虽有利，易守难攻，但地理位置不重要，不是必争之地，它的得失无关于警务实战的结局，这样的点，地形条件再好也应放弃。有的地形战术价值很大，即使地形不够险要，也可以人工改造，使其成为要点。"

3. 因时而动

（1）时势的含义

因时而动是指势的发挥在时间上的表现，在这里我们称之为"时势"。在一般意义上讲，时势的含义有广义与狭义之分。广义的时势是指时代发展的总的趋势与方向；狭义的时势是指某一时段的情势，也就是某一时段内事物变化发展的态势。本文所指的时势是指战斗力量（物质力量与精神力量）因采取行动的时间不同而使自身所蕴含的战斗能量发生倍增或倍减效应的态势，是战斗中非物质力量的一种表现形式。

（2）时势的特征

一是客观性。时势是时间意义特殊化而形成的一种效应。时间的一维单向性决定了战斗态势这一特殊事物的运动形态也是随着时间的变化而不断变化的，不同的时间有着不同的态势，有强也有弱，因而它具有不以人的意志为转移的客观性。

二是时效性。时效性是指时势依赖于时间并有一定的期限，其价值大小与时间密切相关。警务实战是以打击各种犯罪嫌疑人为目的的，这些犯罪嫌疑人虽在每次行动前均有计划、有准备，特别是贩毒贩枪、暴力恐怖、各种分裂势力等，一旦被警察发现后，他们会不顾一切地逃跑，战斗时机转纵即逝，态势也是瞬息万变的，具有非常强的时效性。

三是随机性。随机性是指时势的出现或产生在战斗中表现出来的一种不确定性。战斗中时势的随机性主要表现在两个方面：一是战斗发生的时间具有随机性，即在什么时间、什么地点，发生什么性质、什么规模的战斗都具随机性，因而战斗的时势也就同样具有随机性。二是在同一战斗过程中，也具有随机性。战斗一旦发生，其从一种性质向另一种性质转化，有时也需要一定的时机，这种时机会因人、因地、因其他环境的不同而变化。有的缉毒战斗得经过长期经营，数月或更长时间才能形成良好的时机，而有的突发事件的战机则在瞬间，因而时势具有随机性。

（3）时势的分类

第一是时点势。时点一般是在战斗过程中，能对战斗效率产生积极作用的具有特殊意义的时间点。指挥员抓住这一时间点，就会改变战斗的当前态势，省力而增效，达到事半功倍的效果；反之，则会使战斗陷入被动，乃至失败。如暴力恐怖事件、群体性事件等的战机只在瞬间，是一个时间的点。

第二是时段势。时段是指在战斗持续较长时间或不断重复的时间过程中，能够对战斗效率产生积极作用的具有特殊意义的时间段。对这一时间段的有效利用而形成的有利于战斗胜利的态势是时段势。如零星毒品的走私、偷渡等一般会发生在夜间，而长期经营的大案的战机则会持续更长时间，是典型的犯罪活动高发时间段，在这一时间段进行战斗，会有效提高战斗成功的效率。

第三是时速势。时速势是指战斗中因行动快速、高效而形成的有利于战斗胜利的态势。警务实战是一种特殊的战斗，是一个动态的过程，由多个环节相互作用而构成，整体上掌握情况快、定下决心快、作战行动快以及反馈情况快等都会对警务实战的胜利产生决定性的影响。

（4）时势在警务实战中的应用

当前，警察面临着更为严峻的斗争形势，犯罪嫌疑人组织的严密、手段的提高、法律意识的增强、暴力性的突出等都需要我们把战斗时势的利用放在一个突出的地位来思考。

第一,情报主导战斗,从战略上把握时势。

首先,畅通情报渠道,掌握战斗时段势。孙子曰:"知己知彼,百战不殆。"它精辟地表述了情报在战斗中发挥的不可替代的巨大作用。在信息化快速发展的时代背景之下,战斗对象的犯罪手段不断翻新,形式也呈现多样化,战斗的成败也更加集中地体现在对各种情报信息的把握和应用上。因此在警务实战中,要不断地与情报部门、国家安全部门通力合作,实现情报共享,以求实现情报主导执法战斗,对各种犯罪嫌疑人的活动动态实时掌握,利用好最适合进行打击的时段势,从宏观上把握其犯罪趋势与规律,指导全局行动,掌握打击的主动权。

其次,审时度势,把握时机。在掌握了战斗的有关情报后,要认真研判,切忌草率行事。警务实战的指挥员一定要沉着冷静,着眼大局,体察细微,判断真伪,在时机不成熟时要蓄积力量,把握时机,以免打草惊蛇,功败垂成。特别是面对一些高智商、有经验的贩毒、贩枪分子时尤其要注意审时度势,这些犯罪嫌疑人具有非常敏锐的触觉,稍有风吹草动便会改变策略,使工作更加复杂。因此,在警务实战前,一定要充分了解其内幕,深入分析并预测战斗开始后可能发生的困难,以便进行全面而周密的部署,一旦时机来临或者时势发生变化,能够敏锐地抓住时机,以最快的速度,将警务实战的效益达到最大化。

第二,周密部署警力,从战术上把握时势。

在战斗中,对时势不仅要进行战略上的宏观把握,更要进行微观上的战术把握,才能使战斗全过程"目有所视,剑有所指",顺利完成战斗任务。因而,笔者认为对时势在战术上的把握主要从以下几个方面进行:

首先,快速行动,打在始发。这是指充分利用时点势与时速势的效应,对犯罪嫌疑人行动萌芽状态进行控制的一种态势。对于警务实战来说,这是一种极为有利的时势,如群体性事件或集体冲关事件,如果不早发现、快处理,势必会影响社会秩序与稳定,甚至还会造成更为恶劣的影响,因此事件的始发状态是处理的最佳状态。一方面,事件的始发都要有一个筹划、准备和启动的过程,在事件尚未发生前发现,有利于抢占先机,对其实施控制;另一方面,事件始发时,执法人员便第一时间到达现场,控制犯罪嫌疑人。如果是群体性事件,始发时,闹事人群一般较为混乱,思想不够统一,行动也不一致,这就给警务人员展开政策、法律攻心提供了有利条件。据统计,针对突发性事件，"纽约警察的反应时间为 2～10 分钟，休斯敦警察的反应时间为 3～4 分钟，东京警察的反应时间为 4～5 分钟，莫斯科警察的反应时间为 5～7 分钟，香港警察的反应时间为 3～5 分钟。而根据香港警察的统计分析，警察如果能在案发后 3～5 分钟到达现场，捕获率可达 70%；如果 10 分钟后到达，则捕获率仅有 10%"。由此可以看到快速行动、打在始发的重要性与必要性。

其次，周密部署，随机应变，因势利导。随机应变就是要根据时机的变化，以变应变，以变制变；因势利导就是要通过战斗指挥员的敏锐观察力和判断力，积极地引导指挥，使战斗向着有利于我方的态势发展。如在处置暴力突发事件过程中，就应该充分利用时速势的优点，快速到达现场，对现场态势进行控制，以免侵害行为或态势扩大，造成更加不利的影响。在处置过程中，兵力的部署一定要周密，特别是一些事关人民生活和社会正常运行的重要机关部门，更要严密保护。如果态势发生突然变化，应视情随机应变，采取各种战术手段。如：迅速分离人群，脱离接触以弱化其情绪；釜底抽薪，对首要分子进行秘密抓捕；采取政策法律攻心，以缓减现场气氛等，对现场进行处理，最终达成战斗目的。再如反恐战斗，无不是复杂多变的，更要对战斗进行周密部署，随机应变。

再次，依据法律，有节有度。警务实战是一种执法性的战斗，是解决人民内部矛盾的一种形式，严格的法律制约性是其一大显著特征。因此，在警备实战过程中，应把握以下几点：一是依法战斗。在警务实战中，必须正确运用法律这个武器，打击各种犯罪嫌疑人，震慑犯罪，教育人民群众，维护社会稳定。在具体战斗过程中，应针对不同的战斗性质采取不同的手段，做到依法战斗，宽而不松，严而不过。二是注重证据意识。随着我国法律的健全与人民法制意识的提高，证据成为警务实战成败的又一重要支撑。如在缉毒战斗中，需要人赃俱获，这就要求战斗时机的选择是建立在有一定证据或能发现证据的基础之上，否则，即使抓获人也会因为证据不足而前功尽弃。三是合法使用武器。对于武器的使用，我国相关法律有明确规定，违反都要追究行为人的相应责任。在内容上主要依据《中华人民共和国人民警察使用武器警械条例》第九条、第十条、第十一条的规定，《中华人民共和国人民警察法》第十条的规定等；在程序上，主要依据 2015 年实施的《公安机关人民警察佩带使用枪支规范》等相关规定。这就是说，在战斗时机的选择上，既要考虑法律因素，又要坚持适度原则，二者不能缺失。

综上所述，时势在战斗中有着重要的应用，对于提高战斗效率，顺利完成战斗任务起着助推器的作用。因此，战斗指挥员要从战略、战术上对其进行全面把握，因时而动，因势而动，提升警务人员的战斗力，真正实现战斗效益最大化的目标。

4. 因器而战

因器而战是从武器装备角度而言的，即根据警察所拥有的武器装备而确定作战行动，发挥势的一种方法。在警务实战中，器主要表现为三个方面：

第一，机动工具——机动车辆等。从目前警务实战管辖区的地形特点来看，一般而言，地形错综复杂，千差万别，既有特大城市的高楼林立、道路纵横交错，也有偏远地区山林地、水网稻田地、沙漠戈壁等地形，这些地形机动起来较为耗时，也较为难。因此，警察可以利用较为先进的适合不同区域作战特点的交通工具，加速其警力的机动速度。当然，有什么样的交通工具，就采取什么样的作战方式；没有较为先进的机动工具，则需要从时间的安排及运用上把握，打好提前量，以充分发挥现在工具的势。

第二，装备效能。也就是说依据现有的警械、武器及其他装备，充分了解其性能指标、打击效果、使用条件与程序，充分合理地进行配置，使警械、武器与装备的功能在打击犯罪活动中最大限度地发挥。当然，如果有条件、有一定的科学依据，也可以对常规武器进行非常规使用，以发挥其奇势。

第三，通信工具。信息时代的到来对于精确打击犯罪活动的便利显得越来越重要，所以，警察在打击犯罪活动中对通信工具的依赖性也越来越大，无论是情报的传递还是指挥信息的下达，无不依赖之。在一定程度上而言，通信工具已经成为决定精确打击成效的总枢纽，也成为警察各种势发挥的一个关键性所在。

从通信工具角度来看，"因器"之势的发挥，表现在三个方面：一是就现有单个通信工具而言，需要充分挖掘之，使其功能最大化。二是就现有多个通信工具或通信工具与其他工具而言，通过巧妙地组合，形成系统功能大于单个功能之和的势。如通信工具与交通工具组合，形成移动指挥所；通信工具与头盔结合，实施具体到个人的扁平化指挥；通信工具与指挥平台联网，进行交互等。三是开发适合不同作战需要的特殊通信工具，以极大地发挥作战效能。

（二）借势

借势就是借助系统外部客观存在的势，以发挥系统效能的方法。借势有两个方面的优点：一是可以凝聚系统内外的势，以达到力量的聚集效应，增强自身的力量；二是可以借力打力，减少自身的损耗。与因势相比，借势是借助外部的势，因势是利用系统内容的客观存在的势，二者之间有着明显的区别。一般而言，借势主要包括借人之势与借物之势。

1. 借人之势

警察作为一支维护社会稳定的力量，不是孤立存在的，而是与其他社会群体相融合而存在的，同时其发挥作用也不仅受警察内部机制的制约，更受着其他外部因素的制约。因此，警察作战力量的形成并发挥作用，更需要借助外部条件。这种外部条件主要表现为所在地政府、人民群众及同一系统的相关单位。

（1）借政府之势

警察在领导体制上有其特殊性，即双重领导，既受上级机关的纵向领导，又受地方政府的领导。而地方政府在对区域的管辖上占主导地位，即具有行政、刑事及政治、经济、文化等方方面面的管辖权，其管理力度及在各种资源配置上占有优势。因此，警察在打击犯罪活动中，需要借助地方政府现有的完善的机制与人力、物力、财力、信息等各种资源，实现维护社会稳定的职责。

（2）借群众之势

古训有云：得民心者得天下。民者水也，水可载舟亦可覆舟。可见人民群众的力量之大。当然这也是可以借用的势。

群众工作是我党在革命中摸索出来的一套行之有效的工作方法与优良传统，也是警察进行警民联防的重要基础，在预防犯罪、打击犯罪活动中起着至关重要的作用。社会治安防控离不开人民群众的广泛参与和大力支持，推进社会治安防控机制建设，也需要依靠群众的智慧与力量。"警力有限，民力无穷"，特别是偏远地区，经济发展相对落后，技术手段未实现全覆盖，群众的力量发挥就显得更为重要。1998年，在国家民族事务委员会的倡导下，国家在偏远的边境地区开展了以"振兴边境，富裕边民"为主题的"兴边富民行动"；2003年开展了以"让党放心，让人民满意"为主题的"双让"活动；

2005年开展了以"访贫问苦、访疾问难、访外（外来人口）问弱（弱势群体）""看见、敢见、愿见、想见"为主题的"三访四见"活动。2006年，为了进一步加强警民联系，开展了以"爱民固边"为主题的战略行动，并在2008年进一步深入巩固"爱民固边"的成果，开展了"大走访"活动。所有这些行动，都是"坚持专门工作与群众路线相结合，主动依靠和积极拓展民力，按照因地制宜、组织健全、形式多样、管理规范、作用明显的要求，充分调动和发挥群防群治组织在边境治安防控方面的作用"。终极目标只有一个，就是稳定与发展边境，其根本就在于加强群众工作，充分借助民力，发挥群众之势。2011年云南警方开展了第三次禁毒人民战争。禁毒人民战争需要人民群众参与，战争的胜败很大程度上取决于人民群众，"2011年2月16日，云南警方在镇安高速公路收费站附近进行公开查缉。一名执勤人员在查缉过程中，发现执勤现场左侧不远处的小道出现了一辆面包车，当面包车开到离执勤现场不远处突然停下来，从车上走下一名女子，她并没有向主干道走来，而是向松山方向跑去。执勤人员立即沿着该女子逃跑的方向追去，可是当执勤人员蹚过小河时，发现她已消失在茫茫林海中。山林之大，单凭有限的警力无法对整个山系进行搜捕，带队指挥员派出观察哨在整个山的出路要道进行布控，其他执勤人员走访附近村寨请求群众帮助观察。一名下山的群众向执法人员报告，他曾看到一个女的在山上躲躲藏藏。最终在群众的指引上，官兵们将其抓获，于其身上搜出冰毒750克。另外，根据群众提供的信息，龙山卡执勤点的执勤人员先后破获5起毒品案件，缴获毒品近6公斤。"[1]2014年4月，习近平总书记到新疆考察时，针对严峻的反恐形势提出在反恐策略上，强调民族团结和打好反恐人民战争。

  我们知道，警察的职能是打击各种违法犯罪，维护治安与社会稳定。而真正良好的治安与稳定的社会并不仅仅是警力众多，也不是装备多么先进，而是民心所向。若干年前，警察与群众关系密切，情同鱼水，群众主动协助警察维护社会与辖区治安管理，任何一个地方有陌生人到来，也许能逃过警察的眼睛，却逃不过辖区内群众的眼睛，一旦发现可疑情况，群众会立即向警察汇报。因此，警察对辖区情况能及时了解、预防和控制。警民联防的效果非常显著，治安状况也非常良好。正如《鬼谷子·符言十二》中所记载：

---

[1] 案例来源：边防警察报，2011年3月15日，第四版。

"目贵明，耳贵聪，心贵智。以天下之目视者，则无不见；以天下之耳听者，则无不闻；以天下之心虑者，则无不知。"①对于警察来说，群众就是目、耳、心，就是主动权占据与发挥的势，得之，势大，事半而功倍；不得，势小，则事倍而功半，甚至徒劳而无功。

然而，不可否认，当前群众工作虽然依然在紧抓不放，依然一直在强调，但是其作用的发挥在逐渐下降，甚至在一些地方有抛弃的趋势。其中不乏外部因素的扰乱，也不乏人们思想的转变，但作为警察，工作方法与内容的与时俱进、可行性、适用性等问题也是十分值得关注的问题。正如美籍华人、旧金山大学犯罪学教授张乐宁所说："美国的现行的社区警务正是许多年前中国群众工作的思想，但中国对这一非常好的方法正有放弃的趋势，这是令人十分可惜的！"②

（3）借其他单位之势

警察在执勤、执法过程中，常会遇到警力不足的情况，特别是在打击有组织犯罪、武装走私、贩毒、偷渡、恐怖袭击、分裂势力暴乱、群体性械斗等犯罪活动时，往往会面临人力、物力等的不足。因此，警察在履行职责过程中，还常会借武警内卫部队、解放军部队之势，以便快速、有效控制不良势态的发展，打击各种不法活动。

一是借解放军情报信息、装备之势。虽然警察与解放军有着职能上的区别，但解放军在信息装备方面的优势要远远优于警察，对于各种犯罪信息掌握的程度在一定程度上更为及时精确。警察可与之建立信息共享机制，就有关犯罪活动的信息实现共享，这对于警察打击境内外的跨境犯罪活动的及时性、精确性都无疑有极为巨大的促进作用。

二是借武警内卫部队的人势。一般而言，武警内卫部队官兵单兵训练、战术训练水平较高，职能与警察职能相近，且具有一定的打击犯罪、处置突发事件的经验，其武器装备、编制人数等相对于警察也占有较大的优势。因此，在打击各种较大规模的违法犯罪活动或执行其他较大的任务时，则需要借助武警内卫部队之人势，或请求其支援，或请求其配属一定编制的人力、物力，以便补充警察人力、物力以及武器装备上的不足，更大限度地发挥警

---

① 鬼谷子. 鬼谷子[M]. 驿宾，译注. 北京：中国文联出版社，2016.

② 选自2010年12月13日至15日，张乐宁教授应邀至中国人民武装警察部队学院做专题学术报告的报告记录。

察的效能。

（三）造势

孙子认为，对于势的利用，不能强求人力，而在于创造和充分利用，所以善于造势者，会将注意力放在造成或利用对于全局有利的态势上，而不是对部属的过分依赖与苛求。

造势与前两种势的根本区别是其存在性。也就是说，对于没有的条件或势，可以通过主观努力扩大主客观矛盾双方的力量差异，造成有利于己方的力量对比态势。用之于警察，造势就是通过作战人员充分发挥主观能动性，创造出可以利用的释放作战能量的势。造势之根本目的在于化被动为主动，化消极为积极，这是一种作战策略性行动。

警察在打击犯罪活动中兵力不足，对犯罪活动的可控性越来越难的现状需要注重造势，将有限的资源效能实现最大化。

1. 舆论造势

舆论造势主要是与各种犯罪嫌疑人展开的一种心理博弈。一方面，警察在辖区内广泛开展舆论宣传，使广大群众认清走私、贩毒、偷渡、分裂、恐怖等活动的危险性与后果的严重性，启发辖区群众自觉、主动维护本辖区的社会稳定；另一方面，从国家、集体、家庭、个人四个方面分析犯罪活动的直接、间接危害及其后果的严重性，使犯罪嫌疑人或潜在的有犯罪倾向的"边缘人群"形成不愿、不敢、不能实施犯罪的内外部环境，分解犯罪集团内部的凝聚力与发展壮大的生力基础。

2. 行动造势

行动造势就是通过警察快速行动，占据有利地形与信息优势，以较少的人力、物力、财力形成具有强大规模与打击力的人多势众效应。一般而言，行动造势是通过欺骗的形式实现的。云南某派出所干警在走访时发现一户农民家有大量身份不明的人聚集，形迹可疑，经多方确认，系一伙毒贩，正在进行贩毒。由于进行走访的民警为 3 人，而且支援时间长可能让毒贩逃跑，于是 3 名民警分别隐蔽在有利位置喊话，造成人多势众、全面包围之势，迫使带有毒品与凶器的犯罪嫌疑人缴械投降，成功抓获一批贩毒分子。

当然，警察在造势过程中，可以根据不同的情况造势，对于顽固不化、占据有利地形的犯罪嫌疑人，力求造成其"孤势"；对于犯罪嫌疑人，力求造成其"散势";对于准备充分之犯罪嫌疑人,力求造成其"瘫势";对于内部矛盾较多,利益分配不均之犯罪嫌疑人,力求造成其"乱势"。

五、经典案例与解析

"6·16"抓捕山西黑砖窑案包工头战斗

一、基本情况

2007年6月16日晚,震惊全国的山西××县黑砖窑案包工头、公安部B级通缉犯衡某在逃亡21天后,于千里之外的湖北省丹江口市石鼓镇被十堰公安局警方抓获归案。

二、战斗经过

2007年5月27日,山西省××县警方在查处河南籍包工头衡某承包的黑砖窑时,衡某当时就在砖场。当天中午,见警车呼啸着开进砖场,他突然警觉起来,立即喊上其打手周某平及另一个兰州籍打手匆忙跑到后山。

藏在树林中的衡某等人,远远地看见砖窑窑主被警车带走后,顿时慌了,感觉事闹大了。衡某遂抛下6岁的儿子,带着两名同伙立即乘车逃至山西省运城市永济县。衡某的弟弟在永济县也是开砖场的,衡某逃到这里原本打算躲藏几天,可到了永济县后,他感觉警方很快会追来,于是他没有找弟弟,而是在当地的小旅社住下了。

他认为3人同时潜逃,又同住一起,目标太大,提议分开潜逃。随后,衡某买了一张前往西安的卧铺汽车票,撇下两名同伙,独自从永济县赶到了古城西安。下车后,他又转乘客车于29日来到郧县。

潜逃的这3天,衡某非常关注媒体对山西黑砖窑的报道。坐卧不安的他每天都要看电视,买报纸,了解事态进展。接着,他又从郧县乘客车到了河南淅川县盛湾镇衡营村老家。他害怕警察守在家门口,自己会自投罗网,所以路过家门而不入,东躲西藏,每天都住在老乡家里。在偏远的乡下,因为看不到报纸电视,晚上他常常失眠。

6月14日下午,衡某从盛湾镇花钱雇请了一辆摩托车,前往距离盛湾20多公里远的湖北丹江口市石鼓镇盘道村。山路崎岖,弯道难行,他下车后步行到了盘道村。到了盘道村,衡某买了10斤白糖和一条价值25元的香烟,径直奔向该村5组村民周某家。

今年47岁的周某,曾在10多年前和衡某一起在丹江口市贩牛,交情比较深厚。一见门,衡某就笑呵呵地说:"老周,10多年不见了,真想死你了,我来看看你。"说着,他将白糖、香烟塞到了周某怀中。当晚,他住在了周某家。

偏远的盘道村,不仅收不到电视信号,就连手机信号也时有时无。住下后,衡某心想:"我是河南人,警察肯定在河南抓我,我藏到湖北,他们一定找不到。"

15日,公安部发出B级通缉令,悬赏2万元在全国范围内通缉衡某。通缉令指出,2006年3月以来,山西省××县发生系列拐骗强迫他人劳动案件,致1人死亡、20人受伤,衡某有重大作案嫌疑,现潜逃。

事实上,衡某潜逃后,山西警方根据掌握的线索,曾先后两次来过十堰。由于没有找到嫌疑人,又回去了。6月15日下午,山西警方派员到十堰市公安局请求协助缉拿,十堰市公安局高度重视,全力以赴,确保在十堰境内将其抓获。

鉴于衡某曾在丹江口市贩牛,十堰警方经过调查分析后认为,反侦察能力极强的衡某既不会潜逃到郧县城关镇妻子那里,也不可能藏匿在老家淅川县盛湾镇衡营村,他极有可能躲藏在石鼓镇盘道村熟人周某那里。于是,十堰警方将侦破重点放在了丹江口市。十堰市公安局副局长亲自督战,部署抓捕计划。6日13时,十堰公安局7名民警驱车前往石鼓镇。出发前,考虑到衡某外逃时带有两名同伙,为防不测,警方还特别携带了微型冲锋枪。17时许,在与丹江口市公安局刑警大队和石鼓派出所共3名民警会合后,组成了10人抓捕小组。

从石鼓镇到该镇盘道村的10多里村路,原本半小时的路程,因为正在修路,10名民警分乘的两辆民用汽车硬是"跑"了两个多小时。遇到过河时,每4人推一辆车,艰难地"磨"过去。抵达盘道村后,警方发现,与村民周某家紧紧相邻的还有两户人家,一户尚某,与衡某是亲戚关系,另一户周某某,其妻与衡某也是亲戚。

三户人家房子都是破烂的土坯房,房子挨房子,门前是一条小路,房屋后面是座大山。抓捕小组一时无法确定衡某当时究竟住在哪一家。如果判断失误,贸然实施抓捕肯定会打草惊蛇,万一惊动了衡某,他可能会翻过房子背面的后山逃之夭夭。那时，一切努力都将功亏一篑！

怎么办呢？考虑到周某与衡某仅仅是生意上的朋友，民警便坐上村支书的摩托车，找到了正在山上放牛的周某。民警迅速讲明利害关系，周某顿时恍然大悟：昔日的朋友竟是全国通缉要犯！"我家里确实来了个河南客人衡某，我们这三家，他都住，但主要住我家。刚才我还见到他蹲在路边看别人放牛呢！"

民警分析周某家所在的地形后，当机立断，先由3名民警乘一辆摩托车将右侧的路堵死。另外7名民警带领周某乘民用车从3户人家门口经过，让周某随时指认。可一路上始终不见衡某的影子。"不在路上，会到哪里去呢？"民警问道。"肯定就在附近！"周某说。

这时，一名侦查员对周某说："我俩一起步行到你家，假装车坏了，去借工具。如果途中看到了衡某，你立即指认出来！"就在二人走到距离周某家50米远的地方时，周某惊慌地说："那个蹲在我家门口的就是衡某！"说完，周某撒腿就跑了。

侦查员见状，不露声色继续往前走着。走到衡某面前，这名侦查员发现衡某身边还站着一村民，他灵机一动："车坏了，麻烦你们借个千斤顶用用。"陌生村民热情地说："好的，我帮你借！"趁此空当，侦查员立即给附近车上的民警发了信号。转眼工夫，千斤顶拿过来了，狡猾的衡某却始终没有吭声。

"我的车子轮胎有点重，一个人恐怕搬不动，能不能一起过去帮忙。"该侦查员正视了一眼衡某，"帮个忙嘛！我给点钱。"

"我是来的客，不是这里的人。"衡某很不情愿地上前帮忙。这时前来支援的民警驱车疾驰而来，就在车子停靠的一刹那，该侦查员猛地拦腰将衡某抱住，这个体态瘦弱的黑心包工头乖乖束手就擒。时针指向19时20分！从车上跳下来的民警随即给他戴上手铐。

由于衡某涉嫌非法用工，警方将其制伏后，立即对其所住房间进行搜查，但没能搜到账本等有价值的物品。17日凌晨，山西警方派驻河南南阳的工作组连夜赶到十堰，办理了交接手续后，连夜将衡某押回山西。

三、谋略解析

（一）因人取势，巧妙接近

犯罪嫌疑人衡某多案在身，且又极端狡猾，按一般方法接近则很难对之实施抓捕，甚至轻则使之逃跑，重则劫持人质，形成困局。警方巧妙化装，并根据现场的环境和人员构设"轮胎坏了"的情境，使其放松警惕，慢慢接近嫌疑人，为有效的抓捕创造了极佳的时机。

（二）占据位势，合力抓捕

抓捕过程中，由于犯罪嫌疑人衡某身边尚有无关群众，贸然抓捕可能会伤及无辜。出于安全与提高成功率的目的，警方一是在不知不觉中占据了合理的位置，形成了位势的优势；二是通过"有偿帮忙"的方式，使其手处于被占用状态，因此抓捕中使其无暇顾及其他，有效地保护了群众的安全，也不至于暴露警方的身份；三是通过让群众"帮忙"使群众与衡某分离，创造抓捕的时机，而后警方利用这一时机合力将嫌疑人抓获，全胜而归。

可见，该案中，专案组面对不利的局势，充分发挥主观能动性，一方面充分利用环境和人员的机动以形成位势优势；另一方面，巧妙施策，剥离群众与嫌疑人的密切接触，创造了有利的时势，在确保安全的前提下发挥了力量优势，一举将嫌疑人抓获，是成功运用势的典范。

小结："势"是孙子兵法精义的核心思想之一，旨在强调力量借助人力、时间、空间环境等多因素特有的能量而得到有效发挥。从其方法与战术的应用上来看，通过因势、借势与造势，实现实力、局势的逆转，最终锁定胜局。在警务实战中，特别需要以借"势"之思想取胜。

专题五
庙算论及其在警务实战中的应用

"夫未战而庙算胜者,得算多也;未战而庙算不胜者,得算少也。多算胜,少算不胜,而况于无算乎。"

一、庙算论释义

庙,即宗庙,是指古代进行战略决策与出兵大计时进行商讨的地方。算,是古代计算的方法,是用一种类似于小棍的工具,叫算,也叫筹。商讨研究的决策者们在分析战争的条件时,有利的条件加一个"算筹",不利的条件不加。最后,算筹越多,表明战争的有利条件越多,胜利的可能性越大,则可以开战,否则予以否决。所谓庙算,就是中国古时候凡国家遇及战事,都要告于祖庙,设于明堂,是一种分析形势,制定战略的仪式。

《计篇》中说:"夫未战而庙算胜者,得算多也;未战而庙算不胜者,得算少也。""庙算"是中国历史上第一个战略概念,也是孙子兵法的核心思想之一。孙子认识到,能不能很好地进行战前的战略分析,直接影响到战争胜负。因此,要根据掌握的敌我双方的情况,立足于已有的物质条件和战争潜力,从道、天、地、将、法等方面进行系统比较,分析形势,对军事行动产生的各种可能性进行充分估计,制定预案,作出决策。先定计于庙堂,后决胜于沙场,与"运筹帷幄之内,决胜于千里之外"有着异曲同工之妙。

从现代意义上理解,庙算就是指军事决策中的运筹与谋划,是"通过战前相对全面的战略比较、相对合理的战略预测和相对科学的战略决策谋求战争胜利的观点"。

就警务实战而言,庙算就是指警察在实战过程中,对自身履行职责的能力及应对的犯罪动态与不安全因素进行分析比较、科学预测与决策、有效控制，以取得执法作战与处置主动权的一系列科学举措。

二、庙算的特征

（一）科学性

对于作战，数千年来一直存在着争论：究竟它是一门艺术还是一门科学？虽然，到目前为止，学界已将军事学、战略学、战术学等都上升为一门学科进行专门研究，并以一种科学的态度对待之，但又不得不承认，其中不乏艺术，于是其界线依然模糊。说其为艺术，千余年来的战争实践也充分证明了在作战过程中，存在着曲折性，战胜更离不开指挥员、战斗员主观能动性的发挥，离不开直觉、灵感，甚至在一定程度上说是运气，这些即兴式、突发式的东西无法定量分析，甚至难以用科学的理论与结论进行解释与论证，是作战艺术的一种体现。反过来看，没有一个具有较高素质的军事家、战略家是乱撞乱碰的鲁莽家，他们无一不是胆大而谨慎，无一不是通过对各种情况的分析与把握而进行决策，这又体现了其科学性。

孙子在兵法中，第一次将庙算引入战争中，这是作战这门学问从原始的"天命论"走向科学性的一次伟大转折，也是军事科学走上科学轨道的一次伟大尝试。而作为庙算来说，又是科学性在作战中的集中体现。从警察履行职责的角度来看，犯罪嫌疑人的数量多少、犯罪次数及经验、携带凶器数量与质量、犯罪团伙的组织结构、情报数量的多少与精确度、突发事件的性质、人数、主要参与人群及规模、恐怖分子的数量等因素，都是可以进行量化的，也是可以通过科学的运算而得出科学的结论的，是科学性的体现。

（二）主体性

诚如上文所述，作战具有艺术性与科学性相互融合的特点，而庙算又集中地体现了作战的科学性。但是，作战所需要涉及的因素又错综复杂，有来自内部的，也有来自外部的，有主观的，也有客观的，等等，可以量化的有主导性的因素，也有次要的因素。庙算不可能将一切可量化的因素全部纳入其中，以同样的态度对待之。这样说来，一是其影响力不同，会使决策结论产生科学误差；二是建立如此大的数学模型难度大，运算时间太长，因此，需要对一些无关紧要的可量化的因素进行筛选，保留主体，即其主体性。

警察工作有着其特殊性，事发突然、执法作战时间短，影响力大，甚至造成涉外事件。因此警察在履行职责时，始终把握着庙算的主体性。从影响力角度来说，进行庙算首先考虑到的是影响国家安全的主体性因素，其次是地区与社会性因素。从执法作战时机来说，只有抓住主体性因素，才能使决策的速度快、准确度高、可控性强，不至于因决策过于冗杂而贻误战机。

三、庙算的原则

庙算作为一项科学性的活动，需要把握以下原则：

（一）层次原则

警察执勤或作战不同于一般性军事作战，通常都是处于被动应战状态，具有组织时间短、行动速度快的特点，因而在庙算时更要遵循层次性原则。层次主要是指：

1. 庙算首先应从战略考虑

这里包含两层含义：一是特殊的作战对象。这里所说的特殊的作战对象主要是分裂势力或恐怖势力，这些势力不仅仅是简单地破坏社会秩序，影响社会安全，更多的是带有政治目的的行动，破坏政治安全，兼有极端暴力性、涉外敏感性等特征。因此，在打击时，不仅应从一般性的警务作战角度考虑，更应从国家安全大局、民族团结甚至是外交主动权角度着眼进行庙算，而这样的庙算则带有全局性与战略性。对于打击有组织犯罪而言，同样，庙算应从"端窝点、摧网络"的大局出发定计设谋，而不应计较一次两次的小败，更不能因为捡一次两次的"芝麻"而丢一个大"西瓜"。二是作战时间紧张。通常来说，犯罪具有突发性，很多情况下难以掌握细节问题，特别是时间紧，没有时间仔细推敲细节问题，所以应首先控制大局，逐步采取措施。

2. 庙算应从战术考虑

在战略指导确定的前提下，行动指挥员应从战术着手，从空间确保整个战术行动与实施方案全面实施，从时间上确保战术行动各个阶段的协调有序。如果时间较为充足的话，可以详细评估（庙算）各种方案的可行性与可靠性，以最优的战术行动配合战略的目的实现。

（二）利害原则

孙子兵法对庙算提出"智者之虑，必杂于利害"的原则，强调凡事要从有利与不利的方面去考虑，因为"不能尽知用兵之害者，不能尽知用兵之利也"。警察作为刑事、行政执法力量，其工作所涉及的利害关系非常多，执勤之前的庙算，必须要遵循利害原则：一是利于国家的安全与社会稳定，这是警察的根本职责所在；二是利于大政方针与外交政策、民族政策的贯彻；三是利于从法律上取得执勤或作战的主动权，即有确凿的证据与明确的法律依据对作战对象或执勤对象采取必要的行动，但同时还要注意不得妨害仍然受法律保护的作战或执勤对象的合法权益；四是利于以最小的代价取得最大的作战或执勤效果。

（三）全面原则

作战涉及方方面面的因素，特别是警务实战，涉及的因素与局限性尤其多，只有全面地考察各种因素，把握主要因素，兼顾次要因素，才能使庙算更准，更有指导意义。在警务实战中，全面原则主要有：就整个作战来看，作战或执勤需要考虑到作战或执勤的对象、警察的情况、作战或执勤的自然环境和人文社会环境，以及能够为警察提供支援保障的单位与部门等因素；就警察自身而言，又要考虑到战斗员的综合素质、人员及武器装备的数量与质量、后勤保障、情报信息保障等问题；从对方情况来看，需要考虑对方人员的性质、数量、武器或凶器、犯罪经验等情况；就环境来看，需要考虑作战区域的地形地貌、水文气象等；就社会情况来看，宗教、民族、民风、群众基础等都是警察组织作战或执勤所要考虑的因素。

四、庙算论在警务实战中的应用

警察的职责权限较广，一般而言，包括行政管理权、刑事管辖权等。随着社会的发展，非传统安全对于社会的安全形势影响越来越严峻，对警务实战的要求也越来越高，对于安全形势的了解、分析、判断、控制显得越来越重要；孙子提出的庙算论对于警务实战来说，具有很强的实践参考价值，值得我们去研究，以继承之、发展之、应用之。

（一）"五事七情"——注重原始数据与资料的积累

《孙子兵法》开篇就提到了对"五事七情"的分析对比，以评估胜"算"之大小。一方面，"五事七情"反映了作战中相对静态的因素；另一方面，孙子提出"因利制权"，体现了孙子在庙算过程中也关注着动态变化的因素，是动与静的有机结合，可以说在当时的条件之下，论述是较为全面的。当然，时至今日，庙算思想依然非常值得我们思考借鉴。就当前形势而言，警察面临的挑战日趋复杂化、严峻化。影响国家与社会稳定的因素非常多，既有人民内部矛盾，也有敌对矛盾；既有高科技、强暴力的集团性对抗行动，也有较零散、较温和的犯罪活动；既有较重的违法犯罪活动，也有一般的轻微违法活动；还有一些民事上的纠纷等。正是因为警务工作的特殊地理环境与社会环境，庙算的重要性显得异常突出。

庙算不是凭空想象，也不是信手拿来，而是依据大量翔实可靠的深层次、前瞻性的情报信息与客观资料的积累，如此能够全方位、多角度反映所要了解的对象的内外部特征。

警务实战首先需要掌握的就是作战地区的各种因素，也就是原始数据与资料的积累，即从以下方面展开：

1. 开展情况调查

情况调查是指警务实战部门为搞好实战工作，采取多种方式，有计划、有目的地搜集一定地区、一定范围的涉及社会稳定和秩序的情况和信息，并进行分析、归纳、研究、预测和决策等活动的总称。一般而言，情况调查主要是通过公开的手段，对实战区域的自然环境情况（实战地区的地形地貌、气候、人员等）、社会环境情况（民族宗教、人口、政治历史等）、潜在的安全因素（可能存在的犯罪组织、分裂势力、恐怖组织及人民内部的一些矛盾等）以及警察与国家相关职能部门的情况进行实地的调查，进行登记、统计，建立实战地区基本情况数据库，进行数据、资料的积累、归类，方便研究、查阅与检索。

2. 建立秘密信息力量

秘密信息力量是警察获取信息情报，进行"庙算"的重要信息来源。相对于边境调查而言，秘密信息力量所取得的情报是相对隐蔽的，也是相对变化比较大的动态因素，能够反映一定时期犯罪组织、分裂势力、恐怖活动及可能的其他突发事件的动态，有利于警察进行科学决策。

（二）"校之以计"——数据与资料的分析

庙算的第二步就是对数据与资料的分析。《孙子兵法》中第一篇中两次提到了"校之以计"，即在对作战所涉及的"五情七事"等静态与动态因素充分掌握的前提下进行分析比较，得出"以此而知胜负矣"的结论。从情报学的角度来看，"校之以计"就是对情报的加工与整理，通过缜密的数据分析与整理，将一次情报转化为二次情报，按照时间、重要性、紧急程度等顺序标准进行分门别类，录入数据库的过程。它主要包括两个方面的内容：

1. 去伪存真，去粗取精

情况调查所取得的资料与信息非常庞大，也非常广泛，且真假混杂，需要从中将那些影响分析决策的假情报剔除，当然其中更需要大量的工作去验证情报的可靠性，进行情报的研判分析。

2. 整理归类

整理归类也就是将一次情报转化为二次情报，使用于"庙算"的情报信息形成具有一定规律的信息。一是降低其冗余度，将重合或重复性的情报信息整合成一条；二是分类，即按照情报信息的价值、有效性、重要性、性质等分别归类录入数据库，方便决策机关查阅决策。

（三）"索其情"——把握规律，提高预见性

孙子兵法中的"情"就是指"七情"，推而广之，就是指规律、企图。也就是说将帅通过庙算，通过对敌方情报信息数据的分析与把握，判断其企图，掌握其活动规律，提高应对的积极性、主动性与预见的科学性。

1. 掌握犯罪动态及不安全因素的活动规律

警务工作辖区地形复杂，宗教、民族等问题交汇，社会安全形势已经发生了新的变化，一些地区形势逐渐呈现出敌对势力渗透破坏的武装性、跨境犯罪的多发性、矛盾纠纷的多样性、事件事故的突发性等阶段性特征，已经处于查控堵截敌对势力闯关入境的第一战场，反恐防渗的第一阵地，防范打击枪、毒、赌等跨境犯罪的第一屏障，处置对外敏感事件的第一现场。自2008年新疆发生的"7·5事件"以及西藏"3·14事件"以来，这些特征日趋

明显。从分析这些活动来看，许多都有规律可循。分裂势力一般会在一些敏感的时间采取破坏性犯罪活动，如宗教纪念日、全国性庆典或某些事件发生的纪念日等，而偷渡、走私、贩毒活动多会采取夜间或旅游旺季等特殊时节。所有这些都需要通过对所能搜集到的情报信息资料进行分析，通过数据的统计与分析得出犯罪活动的规律，以便有针对性地制定预案，提高预防与打击的主动性。

2. 科学预见

科学预见是庙算的最终目的，也是进行战术指导的表现。在初步掌握了犯罪嫌疑人及各种不安全因素在边境地区的活动规律之后，决策机关依据历年犯罪活动记录统计结果，对其时间、手段、目标人群的选择等进行科学预测，提前采取行动，以实现精确控制，精确打击，及时处置，化被动为主动。

（四）"无恃其不来，恃吾有以待也"——常备不懈，有的放矢，践墨随敌

运筹于帷幄之中，决胜于千里之外，皆得益于庙算。庙算的实质是形成谋略过程的抽象思维，而是否进行思维运筹与能否实现有效思维运筹，则是决胜的至关重要的主观要素。《孙子兵法》中尤为强调谋划者的庙算意义与庙算能力的发挥。

1. "常备不懈"——不打无准备之仗，不打无把握之仗

毛泽东曾说："不打无准备之仗，不打有准备无把握之仗。"凡战，以计为首，可见庙算的重要性为古今军事家所关注。善于庙算，是对抗中作为指挥者的首要的也是最基本的谋略素质，它不仅是指挥者的个人能力素质问题，而且体现为在对抗中能否坚持以"认知为先导"的思维理念问题。一个指挥者，可以从不同层面的战局去审时度势，无论哪个层面的战局都需要运筹，而且还要做到深思熟虑。《孙子兵法》中多处谈及"为将之道"重在用"智"，并把"智"列为"将者"必备的五大因素之首。为此，"未战而庙算"力求全、深、准、稳是对抗中指挥者进行运筹谋划的基本要求。

警察作战及其他执勤，相对来说是居于被动地位的，也就是说战斗是由犯罪嫌疑人首先行动进而引发警察反行动的一种作战行动。主要表现为：一是犯罪嫌疑人决定着战斗发生的时间与地点。总体而言，犯罪嫌疑人什么时

间、什么地点进行犯罪活动是由犯罪嫌疑人决定的，在犯罪活动发生前，警察始终处于一种总体预防的状态下，但没有确定的目标，只有犯罪活动发生的那一刻警察才真正进入战斗状态。发生的时间可是白天也可能是晚上，可能是普通的一天，也可能是具有特别意义的某个节日，有可能是在偏僻的山区，还有可能是闹市区，这种不确定性决定了防控型战斗具有被动性。二是战斗或执勤的组织与准备相对被动。警察进行的战斗只能够根据对犯罪嫌疑人可能进行的各种活动的判断，进行有针对性的防控，尽管战斗中信息化装备大大提高了警察对情报的收集与处理的能力，但毕竟所做的一切战斗准备依然是建立在尚未发生的犯罪活动之上，是预测与判断的结果。正是在这种被动性客观存在的基础之上，警察必须保持一种常备不懈的态度，不仅要"多算"，还要"精算"，将胜寄托于"算"的基础之上。

2. 有的放矢，庙算之下权衡利弊

总体而言，警察在人力、物力方面处于优势，但相对于局部或整个辖区的面积而言，警力就显得不足。正如孙子所言："备左则右寡，备右则左寡，备前则后寡，备后则前寡，无所不备，则无所不寡。"对于警察而言，警力的合理使用，能否有的放矢，关乎作战或执勤的成败。

同时，警察作为执法性力量，不仅要对犯罪活动进行打击，还需要依法收集与固定证据。权衡利弊，证据充分、事实确凿才能采取行动，否则即使采取了行动，程序的违法也会前功尽弃。在此，庙算也包括从法律角度权衡的思想在其中。

3. 因势利导——践墨随敌

"势者，因利而制权者。"（《计篇》）"水因地而制流，兵因敌而制胜。故兵无常势，水无常形；能因敌变化而取胜者，谓之神。"（《虚实》）众所周知，"形"与"势"是军事抗争乃至一切对抗中的两种最基本现象。示形造势，以势导形，二者是相互依存、相辅相成的。高超的指挥者能够善于因势利导做出相应的权变转换，其权变能力源于有效思维（庙算）的运筹，即取决于思维能力。

随着警察对犯罪活动打击力度的不断加强，犯罪活动的"免疫力"也得到不断提升，再加之犯罪嫌疑人的受教育程度与经验等的提高与积累，使其应变能力也在相应地提高。警察如何面对挑战，以静制变，以变制变，成为现阶段打击犯罪活动的全新课题。

五、经典案例与解析

"2·20"湖南搜捕抢劫杀人嫌疑人战斗

一、基本情况

2009年2月20日至3月6日的短短15天内,湖南省××市城区接连发生多起系列抢劫杀人案件,警方经过缜密侦查,初步锁定犯罪嫌疑人,并加强了对其可能活动的相关场所的清查、布控、搜索工作。3月6日,为筹集毒资疯狂抢劫杀人、作恶多端的犯罪嫌疑人谢某被蹲守多时的民警抓获。

二、战斗经过

2009年2月20日17时左右,××市环卫处家属楼,一名王姓女子被人杀害,其身上一条黄金项链和一条黄金手链及600元现金被抢走。2月28日14时左右,涟钢钢城东路一家文印店女老板刘某被人杀害,身上一枚黄金戒指和800元现金被抢走。3月6日16时左右,涟邵矿务局门面一家寄卖店门前,女老板刘某被人杀害,一个铂金戒指和一条铂金手链被抢走。15天,3条人命,作案目的极其相似,且死者头部、颈部有多处伤口,手段极其残忍。是谁如此胆大包天、肆意妄为?是单人作案还是团伙犯罪?抢劫财物是杀人动机还是掩人耳目?所有的这些疑问都亟须解答,为此,警方决心在最短时间内将犯罪嫌疑人绳之以法。

"2·20"系列案件发生后,市公安局娄星分局刑警大队全体民警立即投入紧张的侦破工作中,民警围绕死者的社会关系开展了细致的排查,将仇杀、情杀的可能性一一排除。结合对现场的勘察结果,民警分析犯罪嫌疑人很有可能是单独作案,为了抢劫死者佩戴的金饰而将其杀害,但是这类人通常居无定所,流窜作案的可能性比较大,案件侦破一时陷入僵局。

3月6日16时37分,刑警大队再次接到报案,涟邵矿务局门面一家寄卖店老板被人砍杀,浑身是血地倒在门前的人行道上。刑警大队民警第一时间内赶赴现场。寄卖店已是一片狼藉,地上满是玻璃碎片,血迹斑斑,死者倒在门前的人行道上,头部、腹部多处伤口,家人守着尸体抱头痛哭,周围邻居陷入巨大的恐慌。面对性质如此恶劣、手段如此残忍的歹徒,民警震怒,誓将凶手绳之以法!凭借多年的工作经验以及对案情的冷静分析,现场指挥员直觉感到这3起案件在作案手法上有相似之处，有可能是同一个人所为，并且不排除有继续作案的可能。

17时09分，案件侦破指挥部迅速成立，力争举全警之力在最短时间内侦破此案。17时34分，全局调集的350名警力集结到位，5道指令迅速下达：刑警大队负责对现场和尸体进行勘验检查；局机关民警对周围进行调查访问；城区5个派出所负责对辖区的宾馆、旅店、招待所和出租房屋、典当寄卖业进行清查；火车站派出所、市城区治安巡逻大队负责火车站和汽车站的布控；石井、百亩等派出所会同钢城分局在城区各出口设卡堵截，整个城区瞬间布下天罗地网。

18时12分，现场调查组反馈情况：犯罪嫌疑人为30岁左右的男子，中等身材，身上有血迹，右手指可能受了伤。"立即安排人员对城区的医院、诊所进行布控。"指挥员果断下达命令。19时50分，刑警大队副大队长刘某带领民警周某勇、周某峰等人在新火车站站前11栋的"金元诊所"调查时获得重要线索，医生反映有一个年约30岁的男子曾经于18时30分许来该诊所治疗，正是因为右手食指指头受伤！民警根据掌握的情况分析，犯罪嫌疑人极有可能还在附近逗留，大队长刘某立即向专案组汇报，并组织人员加大对火车站附近的清查、布控工作。

20时40分许，一名30来岁的男子再次来到"金元诊所"，此人的右手食指被纱布包扎，神色有些慌张，一边声称要买一些消炎药，一边不住地打量诊所里的其他人。假装在此看病的民警周某勇不动声色，仔细观察，当断定该人就是犯罪嫌疑人后，瞅准其掏钱的时机，周某勇猛扑过去将其掀翻在地，男子虽奋力挣脱，却被死死地压住，在周围群众的配合下，一副锃亮的手铐戴在了该男子手上。经过2个多小时的审讯，在强大的政策攻心和如山铁证面前，犯罪嫌疑人谢某对3起犯罪事实均供认不讳。

三、谋略解析

（一）校计索情，明确侦查方向

3起恶性案件既引起了强烈的社会不安，也使警方震怒。从作案过程分析中，警方从纷繁复杂的现场理出了头绪。一是校计，即对现场的情况进行对比分析。从作案对象上看，3名受害人均为女性，选择女性作案，通常成功率较高；从作案目的来看，对女性所戴的贵重首饰及随身钱物均进行了抢劫，明显是为抢劫财物而杀人；从犯罪频次来看，15天3起案件，如此密集作案,说明该嫌疑人急需要用钱,但抢劫财物数量并不多,再次作案的可能性极大;从作案手段来看,主要通过随身携带的刀具进行暴力抢劫并杀害;从勘查的情况来看,嫌疑人为约30岁男子,有血迹且手上受伤,目标较为明显,处理伤口极有可能去药店或诊所。二是索情,基于上述"计"的分析,可"索情"如下:嫌疑人为男性,30岁左右,实施的是流窜性作案,现在最后一次作案地附近暂住,暂住地极有可能为小旅馆、出租屋或快捷酒店;由于手部受伤,极有可能在附近诊所或药店处理伤口或购买药品;随后,极有可能再次作案。三是明确侦查方向:对小旅馆、出租屋或快捷酒店进行摸排;附近药店与诊所应重点进行查控与摸排;手部受伤或有包扎人员为重点查验对象;私营女业主或单独行动的女性,戴有首饰或外表看来具有一定经济实力的周围活动的可疑人员重点查控。

(二)有待无侍,全面布控,联动抓捕

通过上述校计索情,专案组基本明确了方向,有了较为清晰的预判方向。从地点上来说,重点排查小旅馆、出租房、快捷酒店及药店诊所;从时间上来看,一方面由于其受伤,势必换药,因此其出现的时间会在24小时之内,另一方面,由于其对钱的需要,还会继续作案,按照其之前作案的基本规律,必会在一周之内出现;从作案对象来看,为了成功作案,其会选择有一定经济实力的女性单独作案。基于上述情况的判断,专案组立即组织所属人员进行布控,对上述对象及周围的情况进行全面控制,并形成了联动的效果,一张"有待无侍"的大网张开。结果正如专案组判断的一样,嫌疑人在24小时内出现在了布控的药店内,为有效的抓捕创造了条件。

(三)攻其不备,出手不凡,控制牢靠

当嫌疑人出现后,假装在此看病的民警周某勇不动声色,仔细观察。在断定该人就是犯罪嫌疑人后,瞅准其掏钱的时机,周某勇猛扑过去将其掀翻在地,男子虽奋力挣脱,却被死死地压住。战斗攻击行为一旦发起,警方必须做到动机快速、攻击猛烈、分工清楚、协同配合,迫使战斗对象处于来不及防范及做出反应的状态,最终束手就擒。

小结:《孙子兵法》中的庙算论是孙子谋略的精义之一,它的提出无疑是斗争学术走向科学辉煌而重要的一步。但是,发展地看,古代科学技术相对落后,影响作战的因素相对较为简单,依靠个人天赋与经验决策在当时条件下可以满足作战指导的需要;但在21世纪的今天,随着犯罪形势的日趋复杂与严峻及信息化的不断发展，犯罪手段越来越先进，警务实战中的"庙算"与犯罪嫌疑人及一些不安全因素的反"庙算"能力也在不断发展，单纯依靠人脑及简单的经验决策，无论从效率上还是从科学性上而言，都已经远不能满足现代社会安全管控"庙算"之需要。信息化的社会安全防控成为不可阻挡的大势，借助信息科学，将计算机平台与社会安全工作相结合，对于提高庙算能力具有重要的现实意义。学习与研究孙子兵法之精义，核心就在于师其意而不泥其迹。

专题六
全胜论及其在警务实战中的应用

"故百战百胜,非善之善者也,不战而屈人之兵,善之善者也。"
"兵不顿而利可全,此谋攻之法也。"

一、全胜论的含义

"胜"是孙子兵法军事理论的根本,也是孙子兵法之所以存在的意义所在。"胜利"是每一个参与战争、竞争的人共求的目标。然而同样坐在胜利荣耀的宝座之上,我们看到了不同的境界:看到了唐太宗高坐庙堂之上,天下井然,蕃国纷纷来朝;也看到了南唐后主开门献城时,大明兵不血刃清国障;看到了赤壁之战,"谈笑间,樯橹灰飞烟灭";更看到了"力屈财殚""中原内虚于家","杀士三分之一"或更多者而城拔者的惨烈。这些就是胜的境界,简而言之,由高而下可分为四个境界:德胜、威胜、智胜与战胜。当然,全胜是《孙子兵法》作战思想的最高境界,也是全书的核心。

关于全胜的论述,集中地体现在《谋攻》,"《孙子兵法》中的'全',如同孔子哲学的核心'仁'、老子哲学的核心'道'一样,是我们研究孙子军事思想的一条基本线索"。全胜思想在孙子兵法中的地位可见一斑。那么,究竟如何理解孙子全胜的含义呢?"'全'就是完美、完全。'善之善'就是至善。孙子十分强调'善',如'善用兵者''善战者''善攻者''善守者''善动敌者''善出奇者'等。孙子讲'全'与'善',也就是在战争指导上追求达到至善至美的境界"。笔者认为,孙子兵法的全胜应从以下方面来理解:

（一）取胜以保持对方的最大完整性

《谋攻》开篇就说："凡用兵之法，全国为上，破国次之；全军为上，破军次之；全旅为上，破旅次之；全伍为上，破伍次之；全卒为上，破卒次之。""百战百胜，非善之善者也，不战而屈人之兵，善之善者也。"在此，我们可以看到，"全"与"破"相对而言，全胜就是在能取得胜利的条件下，最大限度地保持对方的完整性，当然最好是不用通过作战而使对抗方自愿服输，是全胜的最高宗旨。

（二）取胜以最恰当的方法

《谋攻》中提出"上兵伐谋，其次伐交，其次伐兵，其下攻城"，最好是能达到"兵不顿而利可全"。从这一段的论述来看，孙子崇尚的是"伐谋"与"伐交"，即通过智谋与外交等改变外部形势以取胜，最后才是作战。因此，从方法论角度来看，全胜就是以最恰当的方法，特别是智力谋略的对抗以及外交等外部战略环境的建立来影响作战，改变作战取胜的方式，这也是全胜的一个重要环节。著名的谋略学家柴宇球教授认为，"上兵伐谋"也可以分为四个层次：一是以武力为支撑的伐谋；二是以外交为舞台的伐谋；三是以攻心为手段的伐谋；四是存乎一心，运用之妙的伐谋。可见，以最恰当的方法取胜，是全胜思想的一个重要方面。

（三）取胜以取得最大的利益

当然，《孙子兵法》关于全胜的思想渗透在全部内容之中，不仅仅局限在《谋攻》。其全胜思想还表现在利益权衡对比方面，以舍弃小利取大利，舍局部而取全局，以战略的胜利而取代战术的胜利。如"涂有所不由，地有所不争，城有所不攻，君命有所不受"。《孙子兵法》的利益论以斗争为核心，"体现了相互辩证的实践理性。孙子追求的是大利，远利，是'安国全军'的全局之利。为了这样的利，可以放弃那些小利，近利，局部之利"。这也是孙子兵法全胜理论的重要内涵之一。

二、全胜的实现条件

（一）强大的军事、经济实力

孙子兵法提出了全胜的作战思想，其先决条件就应该是强大的军事与经济实力。

第一，欲求全，必先以破之，而破则是以强大的军事力量实施攻击，当然，"攻城之法，为不得已"。但是，需要清楚地认识到的是，无论是从孙子提出全胜的本意还是到如今打击各种违法犯罪的实际，全胜"毫无机会主义的色彩，不是把谋略看作一种单纯的技巧。自己没有足够的力量，单纯靠口舌、靠权术就想实现'不战而屈人之兵'，那是异想天开"。必须有强大的作战力量能破之才能有全胜的资本与可能，否则，全胜只是一句空话，没有任何意义。

第二，"威加于敌"，才能达到瓦解对方抵抗意志，起到真正的威慑作用。这也是"伐交"思想产生的一个基石。当然从作战过程来看，"日费千金""百姓不得操事者七十万家"，而全胜则是一个相对较长的过程，这样大的国力损耗，没有一个强大的经济力来支撑，是根本无法开展"伐交"的，更谈不上全胜。因此，强大的军事与经济实力是全胜的基本物质保证。

（二）精良的智囊

《孙子兵法》在《计篇》中提出了为将的"五德"，即"智、信、仁、勇、严"，并将"智"列为"五德"之首，可见孙子对其的重视。无独有偶，在《谋攻》中，孙子又对全胜思想实现的手段归为"上兵伐谋，其次伐交，其次伐兵，其下攻城"。可见，孙子尚智，而全胜又离不开智。现代警务实战所对应的条件与环境，与古代有着天壤之别，尤其是警务执法作战的因素与复杂程度是孙子时代远远不能相比的。全胜需要决策，不再是也不可能是一个人仅凭经验与直觉做决策，而是一个具有强大功能与智能的智囊集团与专家库在做决策，是建立在科学运筹谋划与评估基础上的科学决策，相对于孙子时代而言，对智的要求不是降低了，而是提高了，对将的要求更为严格，更为高超。因此，一个精良的智囊是全胜的智力与技能保证。

（三）完备的制度保障

完备的制度是执法战斗力量发挥的组织保证，是"将"与"帅"主观能动性充分发挥的制度保证。所以《孙子兵法》中提出："将能而君不御者胜。"必要的时候，还需要赋予一线指挥员临机的处置权，即"君命有所不受"。相反，如果没有完备的制度保障，上级随时插手下级的事务，"不知三军之事而同三军之政，则军事惑矣；不知三军之权而同三军之任，则军士疑矣。三军既惑且疑，则诸侯之难至矣"！这样的军队是无法取胜的，这样的警务实战也是无效的，更无从谈全胜。当然，既然是作战，就客观地存在着不确定性，就会存在一定的风险，风险与机遇并存，所以，允许合理的冒险与出奇制胜，以最小的代价取得最大的胜利，应从制度上给予明确的保障；否则，统得过死，管得过多，束得过牢，不仅不利于指挥员智能的发挥，更不利于作战行动的开展，全胜只能是纸上谈兵。

三、全胜论在警务实战工作中的应用

警务实战对抗与一般的安全工作有所不同，其面对的对象包括敌对分子，也包括违法、犯罪嫌疑人，还包括日常管理活动中的人民群众。因此，全胜策略在警务实战工作中，有着更为广阔的应用。在此，笔者将孙子兵法中的全胜思想划分为四个层次进行阐述：即德胜、威胜、智胜与战胜。

（一）德胜

德胜就是通过对国家与军队的治理，以一种强大的道德、品格及综合国力以感化敌人或对手，达到使之从内心深处不想、不愿也不能发动战争，心服口服地追随的境界。所谓"德化远及，而四朝来夷"就是这样一种境界的集中体现。当然，对现代的国家而言，"没有永远的朋友，只有永远的利益"，因而道德对于国家间的行为来说意义不大。对于国家而言，民族不同、文化不同，对于道德的理解也不同，没有统一标准的道德，当然实际意义也不大；对于警察工作而言，面对的对象不同，也应区别对待，但是对于人民群众的工作以及处理一些微小的人民内部矛盾，德胜意义非凡。

警察在打击违法犯罪活动时更需要树立德胜的思想，尤其是处理日常事务与人民内部矛盾时，在法律与原则允许的范围内，应以德树威，寻求德胜。警察职能涉及较广，且与辖区的人民群众交往非常多，其言谈举止、道德风貌及职业素养，对辖区的人民群众影响非常大，与警务工作的开展顺利与否密切相关。能否以一种高尚的道德情操赢得辖区人民群众的支持与拥护，对于警察工作至关重要。态度蛮横、强硬不仅无益于一些矛盾纠纷的解决，有时还会引起更大的冲突与矛盾，更会使警察的形象受损，使之脱离群众，影响警民关系的巩固与发展，导致警务工作陷于被动。

当然，这种道德境界与修为不是一朝一夕能够练成的，更需要必备两个条件才有可能达到：一是双方从品德与修养上来说，是向往崇高的，向往美好的，通过沟通彼此就能够从沟通中获得利益；二是警察正义性的发挥。也就是说，警察在所属辖区是正义与安全的象征，无论是在打击犯罪还是日常勤务活动中，能够以身作则，能够行事公正，奖善惩恶，公平、公正地处置各种矛盾与纠纷，使人民群众敢于相信警察的工作，进而能听进劝导，接受管理，敢于、勇于为危害社会安全的行为提供线索，为"平安中国"的建设谏言献策。

2004年9月9日，在云南边境地区的例行检查时，执行检查勤务的警务工作人员发现一位武警中尉开警车过关，行为有些诡异。经过分析后，工作人员认为车辆可疑，遂展开堵截。堵截后检查发现，该武警为假武警，车辆也是假牌照，且车上藏有1500克以"咖啡"包装为掩护的毒品。由于"假武警"知道法律所规定的死刑起点为50克，由于绝望而拒绝交代实情。在其家中，侦查员发现他有一个女儿正身染重病，而且家境贫寒。侦查员遂将女孩及时送往医院，又无偿给予2000元医药及生活费。嫌疑人见情后感激涕零，消除了拒供心理，由拒供变为主动交代，并积极协助警察抓获其他7名犯罪嫌疑人，取得了非常好的打击效果。由此，我们可以看出，道德是一种力量，一种远比武力更具威力的攻击力。犯罪嫌疑人也同样是人，也有其人性最为脆弱的一面，有时以一种较为人性的方法对待他们，会取得良好的效果。但是不能一概而论，也需要因时、因地、因人而异，辩证地运用。

（二）威胜

威胜就是凭借强有力的力量、技术及其他各种优势，形成一种强大的威慑力，能够使对手预测到对抗带来的严重后果，进而达到从心理上使对手不敢对抗的一种境界。当然，在这种态势之下，虽然受威慑一方不一定是心甘情愿，但必须接受现实。"不战而屈人之兵"就是这一境界的最好诠释。

警察是维护社会稳定与打击违法犯罪活动的执法力量，威胜就是警察以力量为条件，迫使犯罪嫌疑人放弃反抗，实现不战而屈人之兵，其途径主要包括两种：一是"伐谋"与"伐交"，即通过智囊与外交途径，充分利用双方的态势，晓之以利害，以政策、法律、情感等诸多方法攻心，实现作战的胜利。随着全球化的推进，人员跨境流动日趋频繁，随之而来的跨境犯罪也日渐增多。就打击跨境犯罪而言，可以利用我国与邻国签订的双边条约、多边条约以及按国际公约采取联合行动，使犯罪嫌疑人处于四面受击的境地，进而放弃反抗。如毒品犯罪是世界各国共同的打击对象，也是国际公约严厉打击的一种国际犯罪，警察可以通过外交手段，联合对其采取行动，以威制胜。二是"兵临"。即通过周密的警力部署、迅速的作战行动，有效地控制犯罪对象的行动范围，使其处于完全被动、处处受警察牵制的境地，如果对抗随时可以毁身于一瞬、失命于一旦，于是对方由眼前可见的危局而放弃对抗。如对贩毒分子、蛇头、暴力闹事人群、恐怖分子活动的狭小地域的包围、控制等，都是以"兵临"进行威慑的典型战术。

（三）智胜

智胜就是通过充分发挥人的主观能动性，以高瞻远瞩、深谋远虑之思想指导作战，最终以极小的代价取得战略全局胜利的一种境界，即以小战取大胜。"杯俎之间，折冲千里"，"谈笑间，樯橹灰飞烟灭"就是这一境界的体现。纵观古今战争史上，智胜之例不胜枚举，大谋略家也比比皆是，无论是官渡曹操战袁绍，还是赤壁火烧连营，无论是四渡赤水的神来之笔，还是太行山上"帝王之花"的陨落，无处不闪现着一代谋略家智慧之灵光。智胜成了节约兵力、弥补不足、提升战斗力的倍增器。

打击违法犯罪的战斗是一种执法性的战斗，以智取胜当然是最为重要的一个方面，也是执法性战斗的最高要求，更是警务工作贯彻"以人为本"理念的集中体现。智胜，主要体现在警务指挥机构的综合能力与智能水平，是警察与犯罪嫌疑人（集团、团伙）之间的活力对抗，这种活力对抗是先于作战行动而存在的，是作战计划与作战谋略的科学性、灵活性、适应性的优劣对比，主要包括出奇制胜和避实击虚两种方法。

（四）战胜

战胜就是通过大规模的实兵投送战场，以最大限度地毁伤对方战斗力量为基础而取胜的一种境界。从一定程度而言，这一境界就是通过双方纯力量的对抗与消耗，以相对力量消耗殆尽，丧失继续战斗的能力为结束标志的一种形态。"损人一千，自损八百"就是这一境界的展现。兵圣孙子说"其下攻城"，意即以全面的力战而取胜是下策，虽然可以达到取胜的目的，但其对战争双方而言损害都是巨大的，不仅消耗国力，造成"力屈货殚"，甚至会由此而带来"诸侯乘其弊而起"的严重后果。

对于警察来说，战胜也是下下策，但一般而言，也是最常采用的策略。犯罪嫌疑人，特别是有组织犯罪的犯罪嫌疑人，也非等闲之辈，其中不乏受过良好训练者、有过作战经验者，罪刑至死的亡命徒也不在少数，也不乏高学历、高技能者，其犯罪网络组织精密程度以及谋略水平与反侦查、反打击能力在不断提高，技术手段也在不断更新，暴力程度有增无减。再加之警察战斗的特殊性与要求的严格性，使打击难度越来越大。作战需要的不仅仅是作战力量的数量，更需要的是作战力量的质量，作战技能的训练、谋略水平、法律与业务知识、信息技术与装备等都是新时期警察所需要的。而在现实中，警察在这一方面依然存在着许多不足之处。训练中发生一些训练事故是非常正常的事，如果因为训练中发生了意外而放弃了训练，或者降低了训练的要求与难度，简化了训练的程序，更可怕的是由于害怕事故而取消必要的基础科目，导致警察的作战能力、基本作战技能、体能等训练要求下降，实为因噎废食之举。2019年5月，习近平总书记在全国公安工作会议中强调"着力锻造一支有铁一般的理想信念、铁一般的责任担当、铁一般的过硬本领、铁一般的纪律作风的公安铁军"。① 可见国家对警务实战能力的重视。

严格的训练是警察战斗力的主要来源，也是以战取胜的基本保证。无论是从荣誉形象上来说，还是从人员物质的损耗上来说，训练中流血受伤远比战斗中惊慌失措以至战斗失败的危害性小得多。2007年云南发生的"3·25"事件，虽然存在一定的不确定性因素与被动性，但不可否认，战术运用、警

---

① 引自2019年5月7日—8日，习近平总书记在全国公安工作会议发表的题为《坚持政治建警改革强警科技兴警从严治警 改造好党和人民赋予的新时代职责使命》的重要讲话。参见网易新闻，网址：https://news.163com/19/0508/19/EEM6KDSS000189FH.html。

力配置、基本作战单元组织结构的完整性、自我防护意识与危机意识、基本作战技能等不符合"战胜"要求，都是导致这一作战悲惨结局的重要因素。战胜作为最后也是最为激烈的手段，必须给予充分的重视与严格的管理、训练，否则，流血乃至牺牲的惨剧还将上演。

四、经典案例与解析

"1·21"云南诱捕毒贩战斗

一、基本情况

2008年1月21日，云南省××市××公安分局禁毒大队长赵某在抓捕特大武装贩毒团伙战斗中，智勇双全，设计以修车为名诱捕毒贩，当场抓获2名贩毒嫌疑人，搜缴德国造7.62口径手枪1支，子弹26发和112千克毒品。不费一枪一弹，我方无一伤亡。

二、战斗经过

××市地处云南省西南部，是滇西交通的枢纽，毗邻境外毒品集散地。境外毒贩运输毒品进入内地的7条主要通道中，5条途经此地，此地算得上是毒品内流的"咽喉"之地。

2008年1月21日凌晨，天还没亮，前方忽然传来消息，目标已进入伏击圈。已经整整蹲守了8个多小时的大队长赵某和战友眼睛一亮，这个特大武装贩毒团伙终于出现了。

据侦查了解，该贩毒团伙是武装贩毒团伙之一，通常押送人员身上配有枪支，且多数人员参与贩毒数量巨大，是一群亡命徒，非常危险。不久前中缅边境就发生了毒贩与缉毒警察的枪战，造成一定程度的伤亡。大队长经过思考后，决定此次行动采取智取。

将所属人员部署妥当后，大队赵某驾车横在路中央，造成车辆抛锚的现场，而后下车假装修车。

一阵刺耳的汽车刹车声打破了山谷的宁静，"搞哪样，咋个把车停在路中间？"听到叫骂声，伴装修车的赵某从车下爬出来，迎着对方刺眼的车灯走去，同时大声回应"今天运气不好，车坏了修不好"。赵某行进间仔细观察，对方开一辆挂边境牌照的吉普车，车上两名男子可能就是要抓捕的嫌疑人。

根据多年的缉毒经验，赵某感觉驾车男子身上有枪，如果要实施抓捕，必须先制伏驾车男子。赵某掏出随身携带的香烟给驾车男子抽，乘对方点燃打火机的瞬间，抓住该男子的衣领将其拽出车外制伏，当场从其身上搜缴出德国造的 7.62 口径手枪 1 支、子弹 26 发。埋伏在树丛中的民警一跃而出，将另一名男子抓获，从车内木炭中查出重达 112 千克的毒品。该案成为当年全省破获的首起上百公斤毒品大案。

三、谋略解析

本案的基本情况与背景也非常明确，战法的选择也具有多样性。而负责指挥的大队长分析利弊后果断决定智取，在关键时刻，抓住战机，大胆出手，以压倒一切敌人的大无畏的战斗精神瞬间制伏持枪嫌疑人，在杀机四伏、危险丛生的禁毒一线，最大限度地获得了"全胜"。

（一）决策明智、战法得当

本案中，嫌疑人有枪在身，又坐在车内，公开强行缉捕风险太大。采用跟踪或堵截，取胜的把握性不大，且容易失去战机。于是专案组设计了一个出其不意的智擒方案，由民警扮成司机，把汽车开到贩毒嫌疑人必经之道上，佯装车辆故障，实施智取。从处置效果看，指挥员的决策是极其明智和正确的。

公安民警应当是具有智谋优势的智慧群体。职业要求我们必须始终把筹谋放在重要位置。谋略思维不仅是民警施展才华、献身公安事业的智力优势，更是执法战斗打击犯罪、克敌制胜的智慧利剑。在活力对抗中，有许多一厢情愿的鲁莽家，眼睛只看到自己的力量，看不到敌手的能量；只想到自己的目标，认不清所处的环境。因而，其战斗计谋的构思，合于"意"而违于"理"，结果没有不碰钉子的。相反，一些善于动脑筋的对抗者，分析环境，研究彼己，经常站在对立的角度想问题，使所定之策、所想之计，合于"意"又达于"理"，也就自然会行之必灵了。

（二）巧妙接近，善抓战机

抓捕行动中常用的接敌方式有便衣伪装式、诱惑渗入式、隐蔽迂回式、偷袭突入式、强行攻击式、搜索渐进式和火力控制式等。无论采用哪一种方式，都应遵循"隐蔽、秘密、快速、突然"的战术原则，力争出其不意，打对手一个措手不及。在本案中，大队长赵某假借修车接近嫌疑人后，掏出随身携带的香烟给对方抽，乘对方点燃打火机的瞬间，果断抓住战机，一举制伏对手，反映出沉着冷静的良好心理素质和灵活应变、把握战机的超强能力。

（三）合理冒险，协同默契

抓捕战斗，不可能没有风险。我们面对战斗风险的正确态度，应该是积极采取措施防范和控制，尽可能地降低风险。这就要求我们，在从决策到指挥再到实施的全过程中，都要注重风险控制。但防范、控制风险并不等于回避、害怕风险，只要是战斗对抗，风险无法完全避免。兵法上说的"七算为上"，就是鼓励指挥员要敢于合理冒险。

在本案中，大队长赵某孤胆斗敌，敢于赤手空拳贴近持枪嫌疑人，以迅雷不及掩耳之势抓住驾车嫌疑人的衣领将其拽出车外制伏，当场从其身上搜缴出德国造的 7.62 口径手枪 1 支、子弹 26 发。同时，埋伏在树丛中的民警一跃而出，将另一名嫌疑人抓获。参战民警稳定的心理、默契的配合、果敢勇猛的动作令嫌疑人毫无招架之功、还手之力。由此可见，战术、心理、技能的完美结合，是缉捕成功的重要保证。

小结：全胜思想是孙子兵法的核心思想，也是作战的最高宗旨。但是从现实的角度来看，孙子的全胜概率相当之小，几乎为零。而对于中国的传统来说，完美是人们所追求的，但不存在真正意义上的完美。因此，孙子兵法提出的真正的"善战者"才能取得的"全胜"是不存在的，在一定程度上说，它陷入了唯心主义的旋涡；但是，作为一种追求与完善的目标来看，它是具有战略指导意义的。我们应辩证地来对待，而不能不择而取，更不能"本本"地认识与理解。

专题七
先胜论及其在警务实战中的应用

"是故胜兵先胜而后求战,败兵先战而后求胜。"

一、先胜论的含义

　　孙子的先胜思想是中国古代军事理论与作战思想的结晶,并非一时心血来潮、异想天开之幻想,而是扎根于对丰富的战争实践经验的基础之上的思考及对前人思想的借鉴、总结与升华。"先胜"一词源自《形篇》,"胜兵先胜而后求战,败兵先战而后求胜"。它是孙子兵法精义"全胜"思想的一个组成部分。用毛泽东的话来说就是"不打无准备之仗,不打无把握之仗"。具体而言,就是能够取得胜利的军队必然是于作战前有着明确而科学的战略指导,事先进行充分的准备、精心的谋划、严密的推演论证,创造并具备了取胜的条件才去真正地投入作战的军队。相反,没有事先的谋划,盲目地投入战斗而且临时才寻求战斗的胜利的军队必然会遭至失败,是典型的冒险主义。所以,孙子紧接着提出"故善用兵者,立于不败之地,而不失敌之败也",给"先胜"以明确的回应,先胜思想由此得到升华。当然先胜并非一厢情愿,也非脱离现实的空想,而是需要充分发挥人的主观能动性,立足于现实的主客观因素,"校之以计而索其情",才能形成先胜之综合优势。

　　孙子兵法的先胜思想,渗透着古代朴素的辩证唯物主义思想,抛弃了"象于事""验于度""听命于鬼神"的"天命"决定论、宿命论,而将作战的胜负归结于作战双方物质力量、经济能力的强弱与对抗双方的指导者主观指导能力的高低之上,从而第一次较为客观而深入地揭示了作战的普遍规律与一般原则。这也是孙子兵法的精华之所在。

二、先胜的条件

先胜不是指挥员一拍脑门的轻率之举,也不是怒发冲冠时的鲁莽之举,而是建立在充分掌握情况的基础之上,科学分析部署之下而形成的一种优势,是有条件的,而不是先战而后胜的鲁莽。"情要早知、谋要先定、计要早决、只有以谋为本、坚决执行才能从容应对,进退有度。'先胜'思想涉及物质准备、精神准备、谋略准备、设形造势等,在客观上要拥有战争胜利之物质条件,在规划上要拥有战争胜利之智慧条件,在指挥上要拥有战争胜利之虚实条件",但总体而言,先胜的条件不外两条:知与谋。

(一)知

"知"是先胜的必要条件,也是最基础的条件,是"谋"的原材料。从孙子兵法来看,"知"可以分为以下方面:

1. 知利知害

《作战》中曾提出:"不能尽知用兵之害者,不能尽知用兵之利也。"而后又在《九变》中提出:"智者之虑,必杂于利害,杂于利而务可信也。杂于害,而患可解也。"可见,孙子兵法充分运用辩证唯物主义的思维,将作战分为两个方面进行充分考查,既要知道有利的方面,也要知道不利的方面,权衡之下才会作战,这也证明了其慎战思想,而不是仅凭"愠而致战""怒而兴师"。

2. 知己知彼

孙子曾提出"知己知彼,百战不殆",也就是说,作战既要知道自己作战因素的优劣,也要知道作战对象的因素。那么究竟孙子又是如何做到的呢?主要是来自两个方面:一是观察——处军相敌三十二法。孙子在《行军》中提出了处军相敌三十二法,是通过对对方行动以及行动所引起的周围环境的变化来判断对方的行动,是以作战经验为基础的经验判断,是见微知著、由此及彼、由表及里的一种推断性逻辑思维在作战中的应用。第二是情报——用间。《用间》一节中充分论述了用间的重要性、必要性以及用间的方法等内容。相对于"处军相敌"而言,用间所得到的情报更具客观性与准确性,毕竟是来源于较为客观的客体。一定程度上而言,很多具有内幕性、前瞻性的情报都是来自间,也是深入知彼的重要信息来源。

3. 知天知地

知天知地就是对"战地"与"战日"的了解与掌握。孙子说:"知战之地,知战之日,则可千里而会战。不知战地,不知战日,则左不能救右,右不能救左,前不能救后,后不能救前……"用现在的话来说,就是对时间条件与空间条件的了解,如作战的时机问题,作战地域的地物、地貌、社会环境等,均需要有一定程度的掌握。

4. 知法知策

警察,集执法性与一定程度的武装性于一体,法律与政策严格地约束着警察的行为,程序合法、处罚合法是衡量警察执勤与作战成败的一个重要的标准。因此,警察在执勤执法过程中还需要知道有关法律、法规以及民族宗教政策等,涉及跨境执法的,还需要知道与相关国家的司法、执法协作条约等,否则会陷于工作的被动。如《中国人民警察法》《警察使用武器与警械条例》《处置突发事件法》《反恐怖主义法》以及对外政策等。

(二)谋

谋即是谋划,是对"知"所掌握的情况进行整理分析,去伪存真,去粗取精,掌握作战对象的意图与活动规律之后,提出具有针对性的执勤或作战步骤及战术运用的一系列综合性方案。《孙子兵法》中提出的"庙算"思想,就是这一问题的充分体现。前文已有专门论述,在此不再重复。

三、先胜论在警务实战中的应用

胜兵先胜,不是单纯地一厢情愿,而是需要大量的主观努力与实践才能实现的,是基于一定条件之下的胜利。具体而言,警察在执勤与作战中,先胜需要经过四个基本步骤,即:科学的战略指导、充分的作战准备、精心的运筹谋划和严密的评估论证。

(一)科学的战略指导

科学的战略指导是先胜的首要条件。科学的战略指导就是要立足现实,宏观着眼,把握全局,对警务实战进行指导。警务实战虽然规模有限、暴烈程度相对较小,但是警务实战地域广泛,作战对象复杂,影响面非常广,而且警务实战的取胜与一般意义上的取胜标准又有着差别。因此警察在作战过程中，要考虑以下几个问题：

1. 要考虑法律

法律对于其调节的客体具有普遍的约束力。警察是一支执法性的力量，无论是从程序上还是从实体行为上，都需要依据法律规定执行，不能知法犯法，更不能执法犯法，既要打击违法犯罪活动，又要保障合法权益。没有法律依据的执法与作战行动即使取得了作战程度上的胜利，在法益对比上却严重失衡，也不能说是战斗的胜利。

2. 要考虑政策

不同地区有各自不同的一些地方政策，这也是执法工作的依据之一。特别是在经济发展相对不均衡、少数民族聚居地区，警察在履行职责，力求先胜之机时，要考虑到国家的对外政策、边境地区少数民族的民族政策、特殊的经济及其他发展政策，具备敏锐的政治意识与战略意识，才能从多个方面宏观把握战斗的主动权。

（二）充分的作战准备

充分的作战准备是先胜的基础。这里的作战准备包括物质准备、思想准备、信息支持、素质准备。物质准备主要是武器弹药、各种装备、后勤保障、医疗卫生等的保障；思想准备主要包括教育、士气、心理素质及作战态度等方面；信息支持主要是指对情报信息的获取、传递、分析与利用等环节的效率以及警务作战指挥系统的指挥效率；素质准备主是指警察的战术训练、协同能力、个人技能、作战经验、政策法律及业务技能等的准备。

（三）精心的运筹谋划

精心的运筹谋划是先胜的关键环节。精心的运筹谋划就是对即将进行的执勤或作战行动的各个环节进行讨论，形成一个具有很强的可操作性的行动方案的过程。在这一过程中，需要了解和掌握大量的情报与信息，即要做到知己知彼。知己就是对己方现有的武器装备、人员数量、实战素质等情况进行了解与掌握。知彼，一般而言，可以通过两种方法实现：一是"相敌"。孙子在《行军》中得出了"处军相敌三十二法"，分别就当时行军过程中一些现象进行观察分析，进而得出军队的实际情况，也就是现在的分析预测法。二是"用间"。孙子在《用间》中得出用间的重要性、必要性及具体方法,由"间"取得相应的作战信息,以备我方进行谋划之用。精心的运筹谋划可以提高作战指挥的针对性、有序性,有利于控制执勤与作战的节奏,容易形成合力,是先胜必须采取的步骤,也是其最为基本的条件之一,少之则无先胜之结局。

(四)严密的评估论证

严密的评估论证是先胜的基本保证。《孙子兵法》中关于作战的评估,第一是突出了一个"利",即"合于利而动,不合于利而止"。第二是突出一个"民"与"君","唯民是保,而利于主"。就警务工作来说,先胜,第一需要进行合法性评估,即有没有法律、政策或证据支持;第二需要进行可行性评估;第三需要进行风险性评估。只有从战略预测、战术执行以及战后舆论上都取得了相对的优势,具有先胜的把握,才可以采取行动;否则,行动则趋于冒险,这是不值得提倡的。

2004年4月14日,广东省深圳特检站成功处置了一次上访冲关事件。事件中,警务情报信息渠道畅通,做到了先知,并在最短的时间内调集了特警、消防等处突力量,形成三道防线,通过有效的指挥与合理的处置,成功化解了冲关事件。在此次作战中,情报的先知、行动的迅速、部署的合理、配合的有力、训练的有素以及指挥的得当等,使警察在冲关群众到达之前已形成坚固的防线,做到了"先胜"。

(五)完善的预案及演练

完善的预案及演练是应对突发性事件的最为有效的方式。警务实战往往都是具有突发性质的事件。因此,要于实战中做到"先胜",首先要依据上级意图及辖区的地形、社情、警务人员及武器装备等情况,制定符合当地特征的各种突发事件预案,力争一情多案、一案多法、一法多变,充分考虑情况的复杂性与严重性。同时,及时组织处突警力进行演练,通过设想战术情况、模拟具有特征地域的场景及处置战法,使执法警力进一步熟悉所面对的预案,特别是熟悉一些具有共同性质的事件的处置程序,完善行动方案,提高协调配合的能力,形成整体的合力,有力地打击各种违法犯罪活动。

四、经典案例与解析

"12·21"广西伏击杀人逃犯战斗

一、基本情况

2010年12月21日晚上11时,广西壮族自治区××市刑警支队民警与广东省××市刑警在广西××县××村一山头成功抓获负命案在逃的犯罪嫌疑人易某,成功破获2010年4月30日在广东××市龙江镇仙塘新村一间出租房内发生的一起故意伤害致人死亡案。

二、战斗经过

2010年4月30日20时50分,在广东省××市××镇××村二期赖永其出租屋内,受害人熊某与犯罪嫌疑人易某因打麻将时发生口角,易某拿出一把西瓜刀捅伤熊某后逃离现场,熊某经医院抢救无效死亡。广东警方在完成大量侦查工作后,发现易某在杀人后,有潜逃至广西自己老家的迹象。广东警方及时联系广西当地的市刑警支队,请求市刑警支队对犯罪嫌疑人易某是否潜逃至老家一事进行调查。

接到广东警方的请求后,刑警支队主要领导高度重视,马上派出4名在抓捕犯罪嫌疑人方面较有经验的民警对易家村一带进行秘密调查。在侦查的过程中,民警发现易某的确逃回老家,并住进了一个山洞中。由于这个山村地处崇山峻岭,位置偏远,人烟稀少,手机信号时有时无,平时很少有外人进入,如有外人到来,村里的犬声大作,未进村口就早已被发现,此时的易某如惊弓之鸟,稍有风吹草动马上会逃上山头,民警在此环境下开展侦查工作非常不利。经过长期侦查发现,易某平时会乘坐一辆无牌摩托车到青狮潭镇购物或亲戚家串门,这是一个抓捕极为有利的时机。

12月20日,经秘密侦查发现,易某准备于21日晚上到镇里的一个亲戚家串门。得知此消息后,刑警支队派出的4名民警与广东警方迅速展开对易某进行抓捕行动。21日傍晚,参战民警还未吃完晚饭,趁天黑之时,驱车分两批赶往易家村的两个出入口。为防止惊动村民,引起易某的注意,经商量,抓捕地点选在距村口一公里外的一个山头上,用一辆车将路堵死,并把经过的路用石块堵上,现场制造山体滑坡,有村民经过时,就解释因山体滑坡导致汽车损坏,并派出几名民警伪装成在清理现场的工作人员,防止和消除村民产生其他想法。

现场布置好后,指挥员分工:一名民警到村口侦查易某的活动情况,如有出现,及时与抓捕地点的负责人联系。抓捕现场分3个组:一组由市刑警支队3名民警负责,防止易某发现警方后忽然加速冲卡,该组负责区身后是100多米的深渊,稍有不慎后果可想而知;二组由2名广东民警担当,设在乱石堆旁,当易某见石块刹车时,上前推翻摩托车;三组为断后组,防止易某弃车往回逃走。此外还有一个组分在易家村通往青狮潭镇的另一路口,防止易某从另一路口出入。

在守候3个小时之后,22时许,负责侦查的民警发出信号,告知易某乘坐一辆无牌摩托车从村庄出发。大约过了10分钟,守候在山头的民警发现摩托车的灯光,当易某发现乱石堆马上刹车时,守在一旁的民警迅速上前,易某也同时做出反应,猛加油门想逃脱抓捕。千钧一发时刻,3个组的民警迅速冲上前将易某控制,成功抓获逃跑200余天负命案在身的杀人犯易某。

三、谋略解析

显然,该案例的犯罪嫌疑人易某虽然已经潜逃,但其基本动向公安机关是掌握的。摆在眼前的问题是:第一,易某极其小心与敏感,稍有风吹草动便会逃跑;第二,易某为防被抓,住进了山洞,抓捕难度大,又极易逃跑;三是采取围控与抓捕,现有警力无法满足实施的要求,把握不大;四是易某为杀人犯,具有较强的危险性,稍有不慎,可能会导致警方人员伤亡。基于当前的现状,成功抓捕易某就需要动一番脑筋,于是抓捕的指挥员运用了"全胜"思想对易某展开了抓捕。

(一)掌握规律,寻找战机,做到"知胜"

上文已经对抓捕易某所面临的问题进行了分析,那么,究竟如何才能用小的代价有效地抓捕易某呢?指挥员开始对易某的活动规律运用"亲和关系利用法"进行深入了解。在警务工作中,"亲和关系利用法"是一种常用的方法。所谓亲和关系利用法,主要是指警方通过对作战对象社会关系和心理需求的分析,综合判断出可能与作战对象有密切联系的关系人,并利用其特殊关系捕获作战对象的方法。它是在警方了解并掌握了作战对象可能隐藏地的社会关系后经常使用的重要方法之一。这一方法形成于警方分析判断过程之中。亲和关系利用法在使用中要根据不同情况采用不同的具体办法:对明知是犯罪人而为其提供便利条件的，应对其讲明政策和法律后果，采用攻心法，使其对警方产生认同感进而提供情报或帮助警方行动；对受蒙骗不知犯罪嫌疑人的犯罪行为而为其提供便利的，应用启发教育法；对与犯罪嫌疑人有社会关系而没有为其提供便利但犯罪人有可能与之联系的，应采用思想动员说服法，使其能与警方主动合作，为警方提供信息；对有知情迹象或掩护犯罪嫌疑人而拒不配合的关系人，要果断采取措施，采用行动控制法，切断与犯罪嫌疑人的联系，促使犯罪嫌疑人显山露水，自我暴露。警方通过秘密对易某所居住的村庄的百姓进行走访，了解易某的活动规律，特别是人际交往与下山的活动情况，经过摸排，获悉易某会不定时地乘坐一辆无牌摩托车到青狮潭镇购物或亲戚家串门，而下山串门必然要经过一条山路，这就为对其抓捕奠定了良好的情报与时机，是为"知胜"。

（二）勘查地形，设置伏击点，张网以待

了解了易某的活动规律后，指挥员对其必经之路的地形进行了全面的勘查。通过对抓捕的利弊分析，最终选择和确定了伏击地点，即：距村口一公里外路经的一个山头上。从地形上来看，一是该地四周无人，且距离村庄约一公里，抓捕时不容易伤及无辜；二是此地位于山包上，依托山包一侧伏击，犯罪嫌疑人在到达山包之前无法看到警方人员，不易发现，能达成行动的突然性；三是山包上一侧是山，另一侧是山崖，如果前方后方同时被警方堵截，犯罪嫌疑人无论是骑摩托车还是徒步均无法逃脱，利用了地形，节约了警力，又实现了对现场的控制。指挥员选择了这样的地形，只要犯罪嫌疑人能来，注定会被抓捕。

（三）改造现场，周密部署，形成伏击部署

在选定抓捕伏击点后，指挥员立即指挥所属人员对现场进行改造，以求实现最高效的抓捕。一是设置"路障"，防止犯罪嫌疑人强冲逃窜。指挥员用一辆车将路堵死，并把经过的路用石块堵上，现场制造出山体滑坡的迹象，有村民经过时，就解释因山体滑坡导致汽车损坏，并派出几名民警伪装成在清理现场的工作人员，防止和消除村民产生其他想法。至此，警方将整个现场布置得真实可信、天衣无缝，就等犯罪嫌疑人自投罗网。二是周密部署，形成抓捕方案。现场布置好后，指挥员作出分工：派出一名民警到村口侦查易某的活动情况，如有出现及时与抓捕地点的负责人联系。在抓捕现场分 3 个组：一组由当地市刑警支队 3 名民警负责，防止易某发现警方后忽然加速冲卡，该组负责区身后是100多米的深渊，稍有不慎后果可想而知；二组由两名广东民警担当，设在乱石堆旁，当易某看见石块刹车时，上前推翻摩托车；三组为断后组，防止易某弃车往回逃走。没有恰当的灵活，难做有效的变通。为了防止意外情况发生，指挥员安排另一个组守候在易家村通往青狮潭镇的另一个路口，防止易某从另一个路口出入。如此周详的警力部署，堪称万全之策，犯罪嫌疑人插翅难逃。

（四）以静待动，迅猛攻击，协同抓捕

部署妥当后，指挥员根据犯罪嫌疑人易某的基本活动规律，判断其不久将会下山，令所属人员按分工进入了伏击区守候。3个小时之后的22时许，负责侦查的民警发出信号，告知易某乘坐一辆无牌摩托车从村庄出发。大约过了10分钟，守候在山头的民警发现摩托车的灯光，当易某发现乱石堆马上刹车时，守在一旁的民警迅速上前，易某发现异常，企图猛加油门逃脱抓捕。千钧一发之时，3个组的民警迅速冲上前将易某控制。由于民警对战机把握准确，出手迅捷，配合默契，一举将犯罪嫌疑人拿下，体现出良好的战术素养和高超的擒敌技能，做到了以快制胜。

从该案例可以看到，抓捕的结果可以说并不意外，原因在于指挥员及抓捕组在抓捕前已经达到了"先为不可胜"而后"求胜"，是有了全面的准备的有计划的行动，结果必然是"全胜"。

小结：孙子的先胜论，集中体现了谋略的充分与行动的针对性，是有备而发、未雨绸缪的理念于作战领域的积极体现。警察作为执法性力量，应紧紧抓住先胜精髓之"知"，充分掌握各种情况，及时了解，科学预测，提前准备，才可将之化解于隐微之中。

专题八
形论及其在警务实战中的应用

"称胜者之战民也,若决积水与千仞之溪者,形也。"
"故形兵之极,至于无形;无形,则深间不能窥,智者不能谋。"

一、形论的含义

"形"是孙子在《孙子兵法》中提出来的一个较为抽象的概念,并单独列章以阐述这一问题。究竟什么是"形"?其深邃的含义又是什么?这就需要回到《孙子兵法》原文去品味。

《孙子兵法》中第一次提到"形"是在第四部分的标题《形篇》里,而纵观这一部分的整个论述,全文也就只出现过一个"形"字,即"称胜者之战民也,若决积水于千仞之溪者,形也"。相反,在后面的《势篇》以及《虚实》《军争》《地形》中却相对较多地提到"形"。具体如表2所示。当然,《地形》与《军争》中的"形"主要是讲地物、地貌的,与我们要探讨的军事意义上的"形"之精义非属同一事物,姑且不论。

那么,我们就将《形篇》《势篇》与《军争》综合起来分析以探求"形"之精义。

表2 孙子兵法中的"形"及其含义

篇名	内容	含义
形篇	称胜者之战民也,若决积水于千仞之溪者,形也	力量的蓄积(物质力量的数量能)
势篇	斗众如斗寡,形名是也	旗鼓等用来发号施令的工具

续表

篇名	内容	含义
势篇	浑浑沌沌，形圆而不可败	战阵（物质力量的结构能的释放）
	故善动敌者，形之，敌必从之	造假象
	强弱，形也	对比的优劣形态
虚实	微乎微乎，至于无形	外部的形态
	故形人而我无形，则我专而敌分	示形，造假象
	形之而知死生之地	侦察，了解
	故形兵之极，至于无形。无形，则深间不能窥，智者不能谋	示形，造假象。外部形态
	人皆知我所以胜之形，而莫知吾所以制胜之形	方法、策略
	故其战胜不复，而应形于无穷	情况、势态
	夫兵形象水，水之行避高而趋下；兵之形避实而击虚；故兵无常势，水无常形	外部表象
	因形而措胜于众，众不能知	情况、势态

从上面的分析可以看出，在不同的章节里，"形"有着不同的含义。吴如嵩在深入研究后得出这样的结论："'形'是物质力量，'势'是精神力量；'形'是运动的物质，'势'是物质的运动；'形'是战争当中的军事实力，'势'是战争当中的主观能动性；'形'是静态的军事力量的积聚，'势'是动态的军事力量的发挥。"但是这里的"形"主要是针对"形篇"里的"形"以及后文中的示形的含义而言的，可谓精妙，然而，还需要对其他情况中的"形"加以理解与运用，这样才算是全面掌握了孙子兵法"形论"的全部内容。

基于以上的认识，笔者认为，孙子兵法中的"形"主要包含两层含义：一是作战力量的客观的物质存在（积形）；二是作战过程中某一时刻双方的对比情况，其中包括力量的蓄积、力量的分配与调动、力量的对比形态等（示形）。

二、用形的一般原则

"形"作为孙子兵法的核心概念与精义之一，有着非常重要的指导价值，特别是以发展的思想运用之。运用中应特别把握以下原则：

（一）顺详"敌"意

用"形"能否成功的关键就在于能不能符合犯罪嫌疑人的心理需求与作案思路。一般而言，人们有一个共同的心理，就是对自己期待渴望达成的事情，最容易产生一种幻想或幻觉。这种欲望越高，幻觉越强烈，判断的理性程度就会越差。因此，利用犯罪嫌疑人的这一弱点，特别是贩毒、偷渡等急需资金周转或人员运送的犯罪活动，更容易利用犯罪嫌疑人迫切希望将"货"出手的心理状态，"致人而不致于人"，使之相信警察顺其思路，投其所好而设定之形，最终达到不战或少战而获大利之目的。

当然犯罪嫌疑人并不是"白痴"，聪明之辈更是不乏其人。顺详敌意，必先知其意，事件发生发展过于顺利同样会引起犯罪嫌疑人的警觉。所以，用"形"更要注意事件发生发展的一般规律，同样还要弄清楚犯罪嫌疑人的企图与基本底线，使整个过程更趋近于真实，方能有效地示形，形成控制对方、按我方意图发展的主动权。

（二）动静相衬

"形"是物质力量的积累与变化。《孙子兵法》中提出"无形，则深间不能窥，智者不能谋"，这是采取相对静态隐蔽"藏于九地之下"的"形"；相对而言，他又提出"形之，敌必从之，予之，敌必取之"，这是采取动态方法"形人"的一种策略。在警务执法战斗中，需要将动与静两种形并用，互取优长。"静"是隐真的表现，是使犯罪嫌疑人放松警惕、警察"以逸待劳"的一种策略，待伏战术就是典型的代表。"动"是示假的表现，是迷惑调动犯罪嫌疑人"致人而不致于人"的策略，"诱伏战术"是典型代表。动静相衬，就是使处于静态的犯罪嫌疑人发现不了任何"风险"的征兆，而产生"出山"的愿望，动则使犯罪嫌疑人看到假象而更信心百倍地按警察"庙算"的结果一步步走向被抓捕的境地。

当然，在警务执法战斗中，动静也是相对而言的，只静不动会陷于被动，只动不静，一是可能会使警察过于疲劳，二是会暴露破绽，因此，两者需要巧妙配合，恰到好处。

（三）正反结合

正反结合其实就是孙子兵法中"虚实"与"奇正"的集中表现。一般而言，警察打击犯罪嫌疑人，从力量（形）上来讲，是处于优势地位的，因此，犯罪嫌疑人一般也不会正面坚决地对抗，即使是对抗也是为逃跑创造机会。警察在打击犯罪嫌疑人时应遵循"以正示形"，即展现强大的力量，形成一种威慑，使其认识到抵抗轻则伤、重则亡，逃跑又无望的后果，进而主动投降，达到不战而屈人之兵的目的。"以反示形"就是针对相对顽固、强大的犯罪嫌疑人，为防止其逃跑或识破我方意图，坚持强而示弱、真而示假、实而示虚的原则，麻痹之以打击之。当然在一定的条件下还可能会出现我弱对方强的情况，此时则可弱而示之强，以声势之"形"确保警察能够安全撤出或迟滞时间得到救援，化被动为主动。

三、形论在警务实战中的应用

（一）"积形"——物质量力数量与质量能

《形篇》中最后一句画龙点睛地点明了此处论述的形的精义："称胜者之战民也，若积水于千仞之溪者，形也。"我们将之精练为"积形"，也就是说，力量的蓄积与作战对象相比已经占有优势的现实状况。在战术领域内，力量作为作战的重要因素也是基础因素之一，包括了人、武器装备以及人与武器的结合三个方面。我们将之引申到警务工作中看，"积形"就是警务力量的建设，即按照"政治建警、改革强警、科技兴警、从严治警"[①]总要求建设具有业务精通的强大的警务执法队伍。

就目前而言，警察的警力相对而言还是充足的，但是由于业务工作的原因，这种充足主要集中于机关之中，所以常出现越是繁忙的基层，人力越少，甚至出现警力不足的现象。因此，警察的力量建设即"积形"，需要从以下几方面改进：

[①] 2019年5月7日，习近平总书记在全国公安工作会议发表题为《坚持政治建警改革强警科技兴警从严治警，履行好党和人民赋予的新时代职责使命》的讲话，本内容摘自该讲话内容。

1. 改善人力配置结构，实行警力下沉

目前，公安机关正在实施这一战略，这既是形势之所需，更是最大限度发挥现有的人力资源的一个非常有效的途径。一方面，可以使大量机关人员充实到基层，使基层的警力紧张现状得到有效的缓减；另一方面，有助于机构运行效率的提高，减少相互推诿的现象。此外，还可以使长期居于机关的人员充分接触基层的具体业务工作，积累实践经验，提高综合素质。

2. 改善警力的知识结构

警务力量建设，不仅在于警力的数量的增减与配置结构的改变，更重要的是警察的综合素质即质量的提高，以适应现代警务实战与管理中出现的新情况、新问题，更加强有力地满足人民的新期待。所以在力量的"积形"过程中，全面进行警务技能、业务素质、法律知识以及警务实战中所需要的其他方面的素质培养，提高警察的综合素质就显得尤为重要。

3. 升级武器装备与设备

随着警务工作形势日趋复杂化，警察遇到了前所未有的新问题、新情况。执法环境发生了根本性的改变，不仅需要人的素质的全面提高，更需要相应的武器装备与设备的升级与更新，以适应新时代警务实战的需要。特别是近年来，法治化进程逐渐加快，人民的法律观念在逐步提高，对执法的要求也不断提高，非杀伤性武器的应用范围越来越广，而目前警察配备的武器大多数还相对落后，难以紧跟形势发展需要。另外，信息化的发展，一体化、合成化指挥与办公的平台也需要开发与应用，以大幅提高警务实战工作效率以及打击犯罪活动的效率。归根结底，这都是从"积形"上来提高警察的综合优势以满足形势之需要。

（二）"示形"——物质力量的结构能

"最好的隐藏是巧妙地暴露"，相对于"积形"而言，"示形"的动态性更为突出，表现为物质力量的指挥、配置与运用，"采取隐真示假的方法，有目的、有计划地制造种种假象，给对方造成错觉，从而达成攻击的突然性"。在警察打击犯罪活动中，"示形"表现为指挥员的战术与谋略。

1. "示形"的目的

在警务实战中，"示形"一般用于较为激烈地与犯罪嫌疑人进行长期的谋略博弈与作战过程当中，其目的主要包括：

(1) 形成优势

如前所述,《形篇》与《势篇》是《孙子兵法》中的姐妹篇,吴如嵩先生经典地提出了"'形'是运动的物质,而'势'是物质的运动"的观点。势是通过形的变化与运用而形成的一种状态与结果。于警察来说,在处置大规模的突发事件或较大规模的走私、贩毒、偷渡、反恐等犯罪活动时,"力量相对来说有限,而可以利用的空间优势之点位非常多,力量分布又忌讳自我分散,形成'孤兵'。因此,在力量分布时,需要有虚实。"这里,我们可以清楚地看到,力量的合理配置与结构的科学所能带来的"优势"。孙子在《计篇》中也提出"能而示之不能,用而示之不用"的"诡道十二法",这些都是我们对"示形"的充分利用,以达到形成最终优势的目的。

(2) 引诱对方

"示形"的根本目的之一就是故意制造假象,以引诱作战对象至有利于我而不利他的环境将之捕获,是"以逸待劳"的充分展现,也是警察采用伏击战术中最为常用、最为有效的方式之一。《孙子兵法》中提出"形之,敌必从之,予之,敌必取之,以利诱之,在本待之",此论述正是这一战术思想的体现。强而示之以弱,则会使犯罪嫌疑人放松警惕,使犯罪行径得到暴露。再示之以利,使其来取,警察一方面可以充分收集其犯罪证据,赢得法律上的主动,另一方面可以充分利用时间条件,设置圈套,使其在不知不觉中陷入伏击圈中。当然,在不利的环境中,我们也可以示之以形,"乖其所之",为摆脱不利环境创造机会。

(3) 隐蔽企图

隐蔽企图是警务实战中非常重要的方面,在一定程度上而言,它决定着打击犯罪活动的成败。从"示形"的角度来看,隐蔽企图就是在行动中,为了不让对方弄清我方的攻击方向而采用的虚假的行动,以迷惑对方,增加其"模糊度",影响其注意力与判断力,使其难以发现我方的真正意图与行动,从时间上赢得有利于我不利于犯罪嫌疑人的战机,从空间上赢得易于控制犯罪嫌疑人和发挥我方力量的要点,从根本上保证警务实战的胜利。当然,换一个角度来看,如果我方力量相对来说较弱,也可以通过"示形"隐蔽企图,迟滞、麻痹犯罪嫌疑人,等待救援,达到化被动为主动的效果。

2. "示形"的方法

从最终效果与犯罪嫌疑人所能占有的信息量来分析,我们可以将"示形"

的方法划分为三种：示之以无、示之以假和示之以迷。

（1）示之以无

示之以无就是将本来有的客观存在的"形"通过一定的手段进行伪装、隐蔽，降低"形"与外部环境之间的对比度与色差，使其在外表上看起来似乎不存在，难以识别、窥知或难以想出更好的办法来查明警察的真实情况。正如《虚实》所云："故形兵之极，至于无形；无形，则深间不能窥，智者不能谋也。"具体而言，示之以无应包括：

第一，应隐蔽部署。警察，无论是在采取相对积极的对确定目标的包围、突击（如恐怖分子训练营、偷渡分子集结地），还是采取相对被动的对不确定目标的伏击、控制，隐蔽部署都是极为关键的一步。在警力部署时，可以采取化装或利用各种天气地形的条件隐蔽机动至攻击、抓捕地域，以防止被打击对象发现，使其在不知不觉中进入或处于警方打击圈内，再以迅雷不及掩耳之势打其措手不及，取得作战胜利。

第二，应隐蔽意图。目前，犯罪活动日趋复杂化，犯罪嫌疑人无论是在组织结构上还是反侦查技能上都具有了一定的"免疫力"，特别是恐怖分子，其训练程度与技能均比较高。长期隐蔽地活跃于一定地区的犯罪嫌疑人对该地区的环境条件比较熟悉，通常凭借有利的地形以一种较为疏散的配置与集中的指挥相结合，形成一个较为有序的体系。因此，警察在采取打击行动时，在明确主攻目标后，还应以多种行动手段扰乱打击对象的视线，使其无法判断警察的真正意图，待条件成熟时，再调整部署，配合主攻分队直取要害，以奇、以快制胜。

（2）示之以假

示之以假就是通过制造假象来误导作战对象，以有效地掩护真实的企图。在警务执法作战中，突出地表现为佯动，即在不采取决定性战术行动的方向或地域故意显示力量，以达到欺骗和迷惑作战对象的作战行动。其目的是隐蔽真实的作战企图，造成犯罪嫌疑人的错觉和不意，钳制或调动作战对象。在警务执法作战中，以佯动实施欺骗是警察打击犯罪嫌疑人的一种常用战术。一般而言，佯动不与犯罪嫌疑人直接接触，而是借助力量的展示使其作出错误的判断。警察示假佯动可以分为三种基本形式：

第一，假进攻。在执法战斗中，假进攻就是通过虚张声势的攻击行动造成犯罪嫌疑人的错觉，隐蔽真实的进攻企图，以达成捕歼犯罪嫌疑人的目的。

这是一种欺骗战术行动。

第二，假机动。假机动就是指警察在深入掌握犯罪嫌疑人情报的基础之上，故意采取与打击犯罪活动不相符或难以构成对其有效打击的作战行动，使犯罪嫌疑人放松警惕，实质上却采取积极有效的行动对其犯罪活动的地域密切关注，全力打击。其所针对的目标主要是那些急欲实施犯罪活动，但又畏惧警察打击，因而处于犹豫徘徊之际的犯罪嫌疑人，如走私、运送毒品以及毒品交易等活动。对于假机动，可以从两个方面来理解：一是机动规模是假的；二是机动所显示的目的是假的，即声东而击西。

第三，假撤退。假撤退是指警察在打击犯罪过程中，犯罪嫌疑人劫持人质，作战环境为居民、人群密集区或其他重要设施目标区抑或地形极不利于警察实施打击的情形下，而采取的一种表面上屈服于犯罪嫌疑人意图，实质上是化被动为主动的一种作战行动。警察欺骗战术中的假撤退目的在于示弱、娇纵、麻痹、引诱犯罪嫌疑人，其作用主要包括：一是将犯罪嫌疑人（特别是恐怖、劫持人质的犯罪嫌疑人）调离其所占据的优势地域；二是在调动犯罪嫌疑人的过程中发现和制造障碍与过失，寻求战机；三是将其引入警察预先部署好的作战地域，对其实施捕歼；四是疲惫、消耗犯罪嫌疑人，瓦解其意志。

（3）示之以迷

示之以迷就是采取真伪信息混合的方式方法，扰乱犯罪嫌疑人的判断以取得抓捕主动权的方式。从信息的占有量来看，犯罪嫌疑人对警察的行动信息的占有量是非常大的，但其信息的清晰度与指向性较差。这一方法最大的特点就是通过警察施骗，释放大量警察行动信息，增大犯罪嫌疑人对警察行动与企图情况的模糊度，使打击对象对互相矛盾的情报难辨真假，对多种可能性难分主次，导致行动犹豫不决，形成心理威慑，最终作出错误的选择或者放弃犯罪活动。示之以迷的应用，一方面增大了犯罪嫌疑人被捕获的可能性，另一方面也在一定程度上达到心理威慑的目的，以收全胜之效。

当然，示之以迷之"形"的运用往往不是单独某一种方法就可以奏效的，为了达到迷惑犯罪嫌疑人的目的，警察甚至需要连续不断地抛出一系列真假混杂的信息和大量无关紧要的信息，"填充"犯罪嫌疑人的情报信息渠道（最好使之处于饱和状态）。对这些信息的接收、鉴别、分析和整理，会耗用犯罪嫌疑人大量的时间与精力，使其在相当长的时间内不知道哪些是真消息，哪些是假消息；既不敢排除某种可能性，又不能确信某种可能性，只好盲目冒险或者放弃犯罪。这对于警察加大打击力度，提高打击犯罪的成功率，减少战斗损耗，至关重要。

四、经典案例与解析

"6·20"湖南围捕持刀杀人逃犯战斗

一、基本情况

2011年6月20日，湖南省××县局刑侦大队专案组民警在抓捕重点命案逃犯张某过程中，面对杀人逃犯持刀拒捕并绝望自残的行为，果断出手，快速将逃犯控制，成功破获了3年前的命案。

二、战斗经过

2009年8月18日21时许，××县"名匠"理发店前发生一起影响恶劣的命案。张某等人因50元假币纠纷，持刀将高某、颜某等人捅伤，高某抢救无效死亡。案发后，××县公安局刑侦大队启动命案侦破机制，全力追捕张某。

2011年6月20日14时，刑侦大队民警小徐和民警老左、老马去看守所落实有关张某的线索。在回程的车上，老左开始分析案情，认为张某很有可能真的躲藏在自己家中，还说自己昨晚做了一个抓逃犯的梦，今天的抓捕可能会有很大的收获。

15时许，老左和其他大队领导在办公室研究部署抓捕方案，考虑到张某是命案逃犯，怕其狗急跳墙，把抓捕方案做得非常细致。20名警力参与抓捕工作，老左担任现场指挥，准备了5件防弹衣、5顶钢盔、2支六四式手枪、4辆民用汽车。民警小徐和小魏身穿防弹衣、头戴钢盔、配六四式手枪打前阵，主要负责对象的抓捕、控制，其余的同志负责控制张某家房屋四周。抓捕命案逃犯不是闹着玩的，随时可能流血牺牲，尤其是打前阵的同志，就是"敢死队"。

17时30分许，唐大队长一声令下，民警们按照事先的安排分乘坐4辆民用汽车奔向张某家里。18时20分，参与抓捕的4辆车有序地停在了张某家屋前的马路上，车子还未停稳，老左带领民警们和其他敢死队员们冲出车门,直奔张某家一楼堂屋内。同时,另一部分民警已经把张家住房团团围住。当时张某的父母正跟邻居闲聊,对于民警的突然到来很吃惊。随后,老左要求张某的父亲带领民警上楼搜查,张父说自己想上厕所,要民警等一下。从张父闪烁的眼神中不难看出,他显然不愿意配合,难道他儿子张某果真在楼上?民警小徐用一只手提着张父的裤腰带推着他上楼搜查,当走到他家二楼右边第一间房间时,发现里面还有一间卧室,该卧室的门紧闭着。现场气氛顿时紧张起来,老左果断决定要求张父把卧室门打开,但张父开始闪烁其词,一会儿说钥匙不见了,一会儿又说就放在门口的插座上。民警们都知道张父的话中有诈,疑点越来越集中到了这个卧室里。

为一探究竟,民警小徐灵机一动,爬到卧室进门的窗户上看了一下,发现卧室里有人住的痕迹,而且门后面还故意摆了一些水桶,极有可能居住者就是逃犯张某。为了防止逃犯跳楼逃跑,老左示意小徐将门踢开。"嘭"的一声,小徐和敢死队员持枪冲进去了。这时,躲在床底下的张某窜出来,手中赫然握了一把白晃晃的刀。张某朝民警舞动着手中的刀,威胁不许靠拢,否则要砍死民警。

民警小徐厉声呵斥:"把刀扔下。"张某看到民警全副武装时,他的叫嚣瞬间转变为绝望。绝望的张某突然调转刀口向自己的腹部连捅两下,小徐和队友几乎同时冲过去将张某摁到床边。张某发出一声哀叹:"哎!我晓得这一天会到来。"控制好张某以后,民警马上联系120进行抢救。为了防止张某再次自残或者昏睡过去,民警轮流给张某做劝说工作。随后,小徐等人随救护车一同把张某护送到县中医院进行急救。至此,"6·20"湖南持刀杀人案告破。

三、谋略解析

本案为故意杀人案,犯罪嫌疑人具有一定的主观恶性,警方在实施抓捕时很可能会遭遇抵抗,甚至出现伤亡。抓捕组在深入分析案情与犯罪嫌疑人的基本情况后,周密部署,巧妙示形,最终将犯罪嫌疑人成功抓获,体现出了指挥员精湛的谋略水平。

(一)深入分析,全面准备,快速"积形"

该案系杀人案,情节与后果都非常严重。犯罪嫌疑人具有一定的危险性,且手中还可能持有凶器。鉴于犯罪嫌疑人的实际情况,在实施抓捕时极有可能与警方采取武力对抗,因此指挥员首先对犯罪嫌疑人的情况进行了深入分析。首先，按照一般心理规律来看，犯罪嫌疑人在作案后，往往无法确切了解公安机关对其作案情况和个人情况掌握的程度，加之怕对自己一些行为、品行相对比较了解的住所地的邻居、群众、基层组织举报、反映，因而普遍存在着躲避、逃跑的心理，会刻意藏匿逃亡的去向和地点。一般来说，逃犯多选择在与自己有密切关系、交往较深、感情较密、利益相关的亲戚、朋友家中及其附近区域隐藏，这样既可以满足其一部分物质方面的需要，得到接济，同时也可以使其安全需要得到一定的满足，使紧张、恐慌心理得以缓释，利于经过暂时的调整、休养后思考、谋划、准备下一步的犯罪行动。其次，根据对犯罪嫌疑人的心理分析，通过深入看守所查找线索，了解情况，分析逃犯的心理需求，初步判断犯罪嫌疑人极有可能躲藏于其家中。再次，精选人员，快速"积形"。考虑到对方是命案逃犯，为防其狗急跳墙，警方把抓捕方案做得非常细致，精心挑选了20名精干警力参与抓捕工作，准备了5件防弹衣、5顶钢盔、2支六四式手枪、4辆民用汽车。以强于犯罪嫌疑人20倍的警力参与抓捕，体现了快速"积形"，确保与犯罪嫌疑人遭遇后结局的可控性与部署的周密性。由于判断准确，准备充分到位，确保了其后抓捕战斗的顺利实施。

（二）封控得当，观察细致，配合默契

实现了人员与武器的快速"积形"，抓捕组机动到犯罪嫌疑人住处后，通过对犯罪嫌疑人家人的察言观色，初步判断出其可能藏匿的位置。遭遇"软抵抗"后，民警灵机一动，爬到卧室进门的窗户上观察，发现卧室里有人住的痕迹，继而快速锁定缉捕目标。此处，丰富的办案经验、老到的侦查手段、沉静的推理判断和灵活的应变措施，对民警快速准确地查找并锁定缉捕目标起着至关重要的作用。在遭遇犯罪嫌疑人家人的"软抵抗"后，民警示意及时，配合默契，果断破门，为形成及时有效的抓捕创造了契机。

（三）控制得法，示形于强，处置快速

入室抓捕生性残暴、持有凶器的犯罪嫌疑人，风险极大。抓捕组入室后，犯罪嫌疑人持刀与警方对峙，警方果断"示形"，使犯罪嫌疑人看到警方手中有枪，无论是人数、装备还是对周围的控制上，他都无路可逃，暴力抵抗只有死路一条，因此形成强大的威慑力，迫使犯罪嫌疑人放弃抵抗。在犯罪嫌疑人进行自残时快速对其进行控制，防止出现伤亡，也体现了警方控制得法、随机应变的能力。

小结：本专题重点分析了孙子兵法中的"形"。孙子兵法中"形"的基本原理主要包括两个方面：一是力量的建设；二是力量的配置与运用。本文提到的只是"形"的几个大的方面，其含义与运用千变万化，警务执法人员需要在领悟其精义的基础之上，结合执法作战工作实践，灵活运用，在法律与政策允许的范围内不断地深入探索，必将对警务执法作战工作的成效起到"杠杆"的作用。

专题九
迂直论及其在警务实战中的应用

"军争之难者,以迂为直,以患为利""后人发,先人至"。

一、迂直论的含义

无论是作战还是其他工作,胜败与效率的高低往往取决于主动权的获取。所谓主动权,即作战力量能够发挥与允许发挥的自由度,其主要含义有三点:一是处于力量有效发挥的最佳态势;二是具备较为广阔的作战能量发挥空间与选择自由;三是能够有效地调动与支配对方行动。迂直论是孙子关于争夺主动权(军争)的重要思想,是一个将不利因素转化为有利因素的思想。在一定程度上而言,它体现了矛盾辩证法之矛盾互寓转化原理,在当时"天命"决定的时代,具有巨大的先进性与科学精神。

迂直策略最早是由孙子在《军争》中所提出的:"军争之难者,以迂为直,以患为利。""后人发,先人至,此知迂直之计者也,先知迂直之计者胜,此军争之法也。""直",是指最直接、最见效、最迅速地实现目的的方法与策略。"迂"与之相反,是指迂回曲折地间接地实现目的的方法。以迂为直,实质上是指表面上曲折迂回,实际为最直捷、最有效、最快速地实现目的的方法与策略,是为了出其不意地实现对犯罪嫌疑人的打击,以减少或防止警察不必要的伤亡与损失。

军争之所以用迂直之法,就是因为对抗双方作战,凡有利于兵力展开发起进攻的方向,往往是防御之重点;凡是便于接近的运动路线,也往往是设伏布阵的重点区域;凡便于发扬火力的地形,也是防范所最应关注的地方。因此,迂直之计就是在直接的手段难以奏效时,为了改变僵局采取间接的手段达成预期目的的一种思想,是一种通过迂与直关系的转换而达到目的的谋略艺术,是辩证法的集中体现。这与英国军事理论家利德尔·哈特在《间接路线》中的观点具有异曲同工之妙。他指出:"在战略上,最漫长的迂回道路,常常又是达到目的的最短途径。"可谓中国古典兵法"以迂为直"的现代西方版。他还由衷地说:"当我研究古往今来许许多多的战役时,首先产生的一个思想是,间接路线要比直线路线优越得多。"可谓是英雄所见略同。但是,孙子要比利德尔·哈特的认识早2000年,不可不说其谋略过人。

从孙子对迂直的论述中,我们可以得出如下结论:

(一)迂直思想运用的前提

第一,目的具有合理性与可行性。
第二,直接手段难以奏效或风险太大,不具备现实条件与相关规定。

(二)迂直思想的方法

采取间接手段以实现转化与后发制人。

(三)迂直思想的精义

以间接的手段达成直接目的,即:对策思考不简单地立足于一个狭小的空间内反复回旋,而是将待解决的矛盾置于一个相互联系的较为广阔的空间内全面考察,从不同的角度去观察,寻求最为有效的解决办法,不求路径最短,而求效率最高。

二、以迂为直的原则

(一)着眼全局

正如前文所叙,以迂为直的前提有两个:一是目的具有合理性与可行性;二是直接手段难以奏效或风险太大,不具备现实条件与相关规定。这就决定了实现目标的方式不到手段的最后不能采用直接的方式。因此,需要跳出矛盾所在的狭小空间,着眼于全局,全面衡量,不求一时之快而造成全局失败之悔,以静中观察与发现矛盾运动的特征与弱点,采取于全局有利的解决矛盾的办法。

（二）藏锋蓄锐

以迂为直，强调的就是一个看似静、慢，其目的是转移对抗者的注意力，放松其警惕，但实质却藏其锋、隐其锐，于不露声色中养精蓄锐，"创造一种条件，或者使突变向渐变转化，避免不利条件下的冲突，或者拉长渐变过程，推迟突变的到来"，等待时机，占据主动，以量变的无关紧要促成质变的胜局。相反，如果提前暴露行动或意图，则会招致不必要的阻力与破坏，甚至是毁灭性的打击。

（三）快速而制

以迂为直，就是"迂中有直"，在藏锋蓄锐中等待时机，一旦时机成熟，则要打破这种隐忍状态，以迅雷不及掩耳之势，出其不意地发力，快速地采取必要的措施与行动，如孙子所说"后人发，先人至"，以此达到对局势的控制与作战的主动。当然，这里有一个时机的把握问题，时机虽然不是直接的战斗力，却是战斗力发挥的杠杆，时机把握不当，"迂"就难以为"直"，相反还会因暴露意图而导致失败。

三、迂直论在警务实战中的应用

（一）转化思想

从辩证法的角度来看，一切事物都是运动着的，运动是物质存在的根本属性，因为运动，所以万事万物都在变化。将之纳入警察的执勤作战及日常工作中来，许多劣势可以通过创造性的思维转化为优势，许多工作中的"坚冰"针锋相对无济于事，但徐徐而入便可破冰前行，这些都是迂与直中转化的妙效。在现实工作中，以迂为直谋略的转化方法主要有4个：

1. 角色转换

角色转换是针对人而言的。从警务执法作战来说，打击危害社会的犯罪活动，往往一种角色难以胜任，直接的行动与抓捕，大张旗鼓的查控很可能使行动落空。相反，侦查人员通过转换角色，以犯罪嫌疑人的心理与角度思考问题，以普通百姓的形象出现于公众场合，往往可以察觉到一些蛛丝马迹，收到意想不到的奇效。另外，在警察的日常工作与执勤中，更需要角色转换。从心理学的角度来看，人往往渴望自由，而对强制或限制具有一种与生俱来的抵触，尽管有时这种强制是合理与合法的。随着人们法治意识的提高与思想的成熟，以一种完全的权威强制的管理者的态度进行警务执法工作，就会招致抵触，使工作陷于被动，失去群众基础；即使群众愿意配合，效率往往也很低，所能获得的信息量较少。相反，经过角色的转换，以一种既是管理者，更是服务者的相对低的姿态出现，可以缓减人的心理上的抵触情绪，也可以培养警察与群众之间的亲和力，变被动为主动，使群众更愿意主动与警察交流，使群众工作更容易开展。当然，这样的形势对于信息的获取无疑是帮助巨大的，甚至会收到意想不到的情报，工作的效率能得到大幅提升。

2001年，云南公安机关某派出所一位警察发现一名男子见到他后转身就跑，非常可疑，遂将其抓获。经过搜身未发现可疑物品，也未问出任何线索，但根据经验判断，此人非常可疑。警察就转换角色，将之请到办公室，以朋友一样的口吻与之闲聊，并问及其父母名字以及其他生活细节，不时东拉西扯。过了一会儿，警察又问其父母名字时，其不知所措，与前面所答大不相同。警察立刻又转化身份，将其在谈话中显露的问题一一列出，使其无言以对，最终如实交代了其犯罪企图。本案例就是成功地运用了转换角色。第一，面对严厉的审讯环境，嫌疑人必然小心翼翼，防范心理较强，直接审问能够取得的信息较少，所以换一种环境，一方面使其认为自己无罪而得到心理放松；另一方面，也益于其透露更多的消息。第二，明知犯罪嫌疑人在撒谎，不急于戳穿，而是任其暴露更多的错误，使其走入警察为其精心布置的圈套，最后待时机成熟时一举攻破。由此可见，以迂为直在警务工作中效用巨大。

2. 时间转换

时间转换是相对于时机和条件而言的。俗话说，"欲速则不达"，在警务实战工作中，特别是打击武装贩毒、护毒等暴力犯罪时，不看条件和时机而一味地求速求快，不是果断而是鲁莽，甚至还会招致不必要的损失甚至流血牺牲，即如孙子所告诫的"擒三将军"或"蹶上将军"。以迂为直，从时间转换的角度来看，是以持久代替速胜。在时机、条件成熟的情况下，讲究兵贵神速，速战速胜；在条件不具备、时机不成熟时，要慎重地从长计议，在持久中保存实力,在持久中积蓄力量,在持久中静观其变,在持久中等待战机,以相对较慢的速度延缓成长、壮大、取胜的进程,以逐步渗透的功力达成不可扭转的优势。

3. 空间转换

空间转换是相对于环境而言的,是以退为进,兜着圈子走路,其实质在于"最短路径"与"最优过程"的选择取舍。在一般情况下,"最短路径"往往是风险最大、防备最严、准备最充分之路,当然,困难重重之下,效率就会相对较慢;而"最优路径"往往又不是最短路径,但相对而言,困难少,风险小,效率高。以迂为直就是要谋在长远,避免直接趋近,而是采取间接包围,循序渐进,逐步解决问题的方式。

从常识的角度来审视,两点之间的直线最短。一般人都有急功近利的一面,所以,人们习惯于"直奔主题"的直线性思维模式。但是,"自然科学的研究表明,一切运动的速度都和所需的时间联系着,由于物质系统内部的吸引力与排斥力的相互作用,物质系统最适宜的外部条件使得物质系统的运动过程都不是选择那条直线,而是从无数条曲线中选择一条最优的迂曲路径。换言之,凡是存在着吸引与排斥、作用力与反作用力相互斗争的矛盾体,总是沿着一条最优的曲线运动。"警务工作中,无论是在打击犯罪,还是在处置突发事件,抑或是解决群众之间的矛盾与纠纷,采取直接的途径往往会使招致更强的对抗或将矛盾引向自身而形成对立面,使态势陷入僵局;相反,采取以迂为直的方法,留出一定的回旋空间,则往往会使人的思想与行为从"钻牛角尖"的极端中走出来,有利于问题与矛盾的合理解决。

所以,孙子兵法军争之要义于空间转换中就是:要想走近路,则需走远路;要想前进,则需退却;要想有所取,则需有所失;要想速胜,则需持久。

2002 年 11 月发生在海口警方辖区因土地及海域补偿不到位而引发村民堵塞航道、上访事件,给当地正常的生产生活造成极大的妨碍。按照法律,事件已构成了违法,完全可以通过合法程序调用警力对之进行强制性驱散;但海口公安机关采用迂直之计,一边派出警力控制势态,一边进行耐心说服,引导村民通过正常的合法的渠道表达其利益诉求,最终村民选出 3 名代表与相关部门交流,并将问题及时解决。在这一过程中,如果直接采取强制性驱散的方法,也许在短时期内可以缓解紧张情况,但村民利益诉求得不到及时的表达还会引发其他形式的事件,甚至将矛盾引到警察一边,使局势更加复杂化。

4. 途径转换

途径转换是警察在工作与作战中策略灵活性的一种集中体现，是"兵形象水"的柔性策略与"其疾如风"的刚性策略的一种辩证转化应用。2003年7月，额尔古纳市警方接到当地政府的通知，要求在其举办中俄民间联谊会的演出现场维护秩序，其中为防止露天贵宾席被群众抢占，专门设立了执勤勤务。演出期间，群众大量涌入，一位老人欲穿过人墙进入，被执勤民警拦住。由于人多，老人受了冲撞，与执勤官兵发生了冲突。当时的执勤战士言语较为生硬，矛盾一度升级，负责执勤的班长及时赶来，用委婉平和的口气告诉老人，"我们在执勤，这是我们的任务，我们必须服从上级的命令，对刚才的冲撞我向您道歉，但同时也请您对我们的工作给予支持与谅解……"一番话化解了老人的怒气，老人不再入场占座。

可见，在合法的条件下，灵活的柔性策略就是以迂为直的直接体现。当然，柔不是一味地无限制、无原则的退却，而是在一定空间内的灵活转化，是一种力量，是一种神奇的穿透力、感染力、渗透力，是一种品德、一种高尚的品德，还是一种智慧、一种超人的智慧。

（二）后发制人

孙子兵法迂直论的第二个策略是后发制人，"后人发，先人至"。即在对抗面前，先退一步以试探并发现对方的特点、弱点及企图，再有针对性地采取积极的、具有直接击其要害的方法制伏之。"后发制人是自抑后的张扬、蛰伏后的崛起、沉默后的爆发。后发制人是深思熟虑后的重拳出击，而非感情冲动时的轻举妄动；是洞若观火后的有的放矢，而非盲目状态下的漫天撒网；是总揽全局后的各个击破，而非零打碎敲。后发制人一般基于对自身力量的客观估计和对最佳时机的精确把握，它意味着厚积薄发，引而不发，发必有中，后来居上，一步到位；后发制人体现了一种从容镇定的心态、沉稳优雅的风度和深藏不露的涵养。"

从宏观的角度来看，警察对犯罪嫌疑人的打击，往往都采用后发制人的模式，即犯罪在前，抓捕与打击在后。所以，在打击犯罪与日常工作中，特别是条件不太成熟的情况下，后发制人更具有可操作性与针对性，效率也会更高。这是因为：

第一，知彼是警务执法作战或其他工作的前提，而"知"需要一个过程和相当的时间。孙子曰："知己知彼，百战不殆。"警务执法作战与其他工作事关重大，影响面较广，有可能引起涉外事件，因此在采取行动时需要对对方进行一番了解，进行作战前的缜密侦查，这是一个必然的不可忽略的程序，甚至是采取执法作战行动时间的许多倍。当然，这个过程往往困难重重，不能一蹴而就，而是与犯罪嫌疑人或其他工作对象展开较长时间的博弈，采取侦查与摸排以及与犯罪嫌疑人的斗智斗勇，全面地把握对方的形势、特点，摸透对方的行动意图，后再针对性地采取行动，后发制人，实现精确打击，而不是稍有风吹草动便大张旗鼓，兴师动众，结果打草惊蛇，舍本逐末。

第二，在采取作战行动时，需要灵活运用战术。作战是一种力量的较量，也是一种智慧的对抗。直线思维与直接的猛烈对抗，固然有迅速地"一锤定音"的作用，但是往往伤亡或损失较大。特别是在作战力量与对方相比相对弱小时，更要尽量避免迎头相撞，而是要找到对方的弱点打，打对方的漏洞。对于警务执法作战来说，这点要求更为严格。在侦查过程中，得知对方持有枪械及其他杀伤力较强的武器时，一般而言，在条件允许的情况下，不应该采取较为直接的对抗行动，而是灵活运用战术，以相对较为间接的战术方法，或诱之以利，或示之以威，或晓之以理，或动之以情，或激之以义，分散其力量与抵抗意志，从而将潜在的威胁降到最低。这既是对警察作战人员安全的负责，更为下一步调查取证工作打下良好的工作基础。相反，如果采取直接打击的方式，势必招致抵抗自保，犯兵家大忌之"穷寇勿迫"。

第三，目标与手段的和谐统一是后发制人的关键。无论是警务执法作战还是其他的日常安全工作，目标与手段的和谐统一是至关重要的。正确的科学的目标需要有正确的科学的战术方法来实现，否则只能是遥远的幻想。当然，在错误的目标引导下，再正确再科学的方法也无济于事，只能越走越偏，乃至背道而驰。所以，设定一个科学的目标之后，不能头脑冲动，急于行事，而应冷静思考，选择效率最高的方法来实现之。当然，在现实的警务执法工作中，几乎任何目标的实现与其手段都有不足之处，需要以一种动态的发展的思想来应对之。如在案件的侦查中，许多新侦查员为了"撬"开犯罪嫌疑人的嘴，获取犯罪信息，往往单刀直入，期望直接获取核心情报，却无果而终。而具有相当经验的侦查员在讯问时有时看似不入主题，却能从枝节问题甚至是日常聊天中获取和推断出许多有价值的情报，最终将犯罪嫌疑人的嘴成功"撬开"。

四、经典案例与解析

"10·30"福建偷渡案

一、基本情况

2003年12月10日，在福建公安部门的统一指挥与辽宁公安部门的大力配合下，经过40余天的缜密侦查，成功破获一起利用集装箱偷渡日本的案件，抓获涉案人员28人。

二、战斗经过

2003年10月上旬，福州警方接到情报：长乐市漳港籍组织者曾某清等人以每人14.5万元左右在福清、长乐等地招收偷渡人员，准备于近期组织一批偷渡人员从大连藏入集装箱偷渡日本。

接报后，警方高度重视，立即组织业务分管领导分析案情，摸排犯罪嫌疑人活动的特点与规律，并展开调查。经调查分析，发现曾某清在大连等地活动，与情报显示相一致。经请示上级同意后，此案被定为"10·30"专案，立即组织人员开展侦破工作。由于组织偷渡活动涉及福建与辽宁两个省，经协调，取得了辽宁大连警方的大力协助与支持。

为进一步查清该组织网络及偷渡人员集结点、下海点、运送船只等情况，专案组于2003年11月中旬抵达大连，与辽宁警方联手展开行动。经侦查，案件初露端倪，长乐漳港籍组织者曾某清与时任长乐营前村村委书记的林某长等人与当地组织者一同策划组织人员偷渡日本。林某长负责与大连方面联系，包括租用船只，住宿安排；曾某清负责招收偷渡人员和引带偷渡人员至大连。专案组还发现了曾、林的下线曾某宝、郑某仁、陈某章等人，一并纳入侦查，并对上述人员进行密切监视。11月25日，陈某章等人组织的4名偷渡人员先期抵达大连，其他偷渡人员也陆续赶往大连集中。

由于案件需要保密，整个案件的部署工作仅有专案组掌握，但这一过程出现了一个插曲。11月25日，曾某宝在福清组织偷渡的情况被福清警方掌握，将其在前往大连时的车站抓获，曾某宝被抓打乱了整个计划。专案组在了解情况后，立即指令福清警方停止对曾某宝的深挖工作，以免打草惊蛇。由于曾某宝被抓，曾某清、林某长与之联系突然中断，两人开始有了防备，立即停止了所有的活动，曾某清也随即通知了在大连等候的陈某明等人。与此同时，专案组也撤回了福州，继续对林某长与曾某清展开秘密监控。

曾某清回到长乐后，立即与曾某宝的家属联系，多方打探情况。由于警方指挥及时，福清警方并未对抓获的曾某宝进行深挖，也未对其家属采取行动，一切如常。林某长、曾某清在与曾某宝家属联系后得知并未有警方到其家中了解情况，遂给了其家属5000元钱进行安抚，并交代曾某宝家属想办法向曾某宝捎话不要招供详情，事成后将想办法为其开脱减刑。

随后，媒体报道：福州警方破获一起预谋偷渡日本案，抓获组织者曾某宝等人，案件成功告破。

林某长与曾某清经过观察以及得到的媒体的报道，认为曾某宝未向警方透露详情，再加之二人已经联系了接送船只，日本方面接"客人"等事项也已经谈妥，只待"货源"，因此暂停的偷渡组织活动又开始运作。林某长通知曾某清收拢偷渡人员，准备"发货"。而这一切都在警方的掌控之下。

12月1日，专案组一行再次前往大连并向大连警方通报了案情，大连警方高度重视，抽调精干力量协调配合。12月5日凌晨3时，专案组获悉：林某长与曾某清通知偷渡人员北上大连，于12月9日前集中，准备下海。与此同时，曾某清与其下线组织者陈某章和林某长的下线组织者邹某武的联络情况也陆续被掌握。为此专案组连夜研定抓捕方案，决定秘密抓捕，引蛇出洞，先拢"货物"，后擒蛇头。

12月8日，曾某清、郑某官等人从长乐国际机场出发，前往大连。陈某章带领5名偷渡人员乘火车前往大连，其他偷渡人员也陆续向大连集中。为避免打草惊蛇，专案组决定不在机场抓捕曾、郑一伙人，在大连市区内收网。同日，曾某清、郑某官入住大连市宏孚商谊大酒店1907号房间，之后曾某清按林某长的指令又在大连仙源大酒店、日月明大酒店开了两个房间，并安排郑某官到仙源大酒店接"货"。12月9日11时，偷渡人员陆续到上述3个房间。因组织者林某长狡猾诡秘，其落脚点尚未掌握，破案时机尚不成熟，专案组决定继续监控，待林某长出现后收网。

12月9日20时，曾某清悄然退房，使用的手机也关机。情况十分危急，该怎么办？不立即采取行动，曾某清、林某长等人可能逃脱法网。专案组决定立即排查出租车司机。22时，在大连警方的帮助下，获知曾某清已经转移到中山大酒店2105房与邹某武同住。10日凌晨1时，经请示上级后立即采取了行动，抓获了曾某清、郑某官、邹某武、李某君等人和15名偷渡人员。同日，组织者陈某章一行5人到达火车站，并打了曾某清的电话，侦查员以曾某清的名义通电后，令其在火车站等候，同时派出抓捕小组到火车站"按客"，陈某章等被警方抓获，案件全面告破。

三、谋略解析

（一）指挥有度，应变灵活

该案的成功告破，指挥有度、应变灵活是一个非常关键的因素。福州警方在经营案件时，出现了一个小插曲，曾某宝在福清组织偷渡的情况被福清警方掌握，并将其在前往大连时的车站抓获。如果不能及时获取信息，福清警方可能对曾某宝进行深挖，并在深挖过程中对其他正在经营的犯罪嫌疑人采取行动，影响整个案件的侦破。因此，福州警方立即介入，指挥福清警方将案件以"孤立"案件对待，停止深挖，足见专案组的足智多谋，指挥有度，露出一个警方"不知情"的"破绽"，巧妙应对，麻痹犯罪嫌疑人，化解紧急情况。

（二）变害为利，巧设迷局

在出现意料之外的小"插曲"时，原本是工作计划之外的"节外生枝"，考虑到可能会影响整个案件的"经营"以及对整个偷渡团伙的有力打击，专案组并未将这个插曲简单地处置了事，而是经过思索，充分挖掘"插曲"的价值，通过福清公安机关，将抓获曾某宝的事实以大众媒体的方式进行公开，给出了案件告破的结论。这一做法可谓巧妙绝伦，令人对专案组的智慧称叹。

分析案件，我们可以看到，抓获曾某宝的事实是不容置疑的，林某长、曾某清无法联系到曾某宝也是事实，依据犯罪嫌疑人的狡猾与多疑的特点，林某长与曾某清有所怀疑以及停止活动，暂时蛰伏，静观其变也是必然选择，在疑惑未解之前，其并不会采取行动，这也是犯罪嫌疑人的安全之策。与其我方被动地四处找寻，费力采集证据，不如转换思路，打消其疑虑，令其主动行动起来，更易掌握其活动情况及相关证据。因此，警方以分开途径的方式将消息公布了出去。犯罪嫌疑人知悉曾某宝确定被抓了，更重要的是"案件告破"，这一点打消了林某长与曾某春对曾某宝可能向警方供述了其活动情况的疑问。当然,仅这一点不可能让狡猾的犯罪嫌疑人彻底打消疑虑,犯罪嫌疑人势必会进一步验证消息的可靠性。针对这一情况,为了让谜局更为真实,专案组也统筹考虑,全面布局。一方面,就外部而言,是外松内紧,所有的办案人员紧紧盯着嫌疑人的活动情况,但没有让犯罪嫌疑人察觉到,似乎一切照常,也没有警力四处搜索;另一方面,专案组考虑到林某长及曾某清会到曾某宝家中了解情况,因此并没有派出警力到抓获的曾某宝家中取证。当林某长与曾某清到曾某宝家中"探望"时,了解到并未出现异常情况,同时,高额利润的诱惑以及日本买家的催促,打消了二人的疑惑,他们决定偷渡组织活动从"蛰伏"状态进入"激活"状态。因此,二人四处搜罗偷渡人员,企图组织偷渡。就这样其组织活动的情况均处于专案组的掌控之下,专案组通过巧妙的"诡道"应用,变被动为主动。

(三)多点联动,局中有局

偷渡活动通常具有网络化组织的特点,因此,侦办此类案件时,"端窝点,催网络"也就成了打击犯罪的重要目标,为此需要多点联动,局中有局,方能有效打击。在本案中,偷渡目的地为日本,组织成员主要分布于福建、辽宁等地,且上下线人员相对较多,活动极具隐蔽性,仅仅依靠福建警方单方面的行动很难有效应对,需要大连警方的配合。基于工作需要,警方采取了多点联动的模式,一方面,以福建警方为主,大连警方进行配合,两地警方联手对偷渡组织人员活动进行有效控制;另一方面,为了及时掌握情报,固定证据,大连警方还抽调技侦部门精干力量介入,对偷渡组织的活动情况进行及时侦控。

在巧设迷局后,有效地"激活"了偷渡组织的活动,但是核心人员极其狡猾,分别通过乘飞机与坐火车的方式向大连集结,且到了大连后分散入住,中途又退房,几经周转。为了能将该伙人员抓获,警方及时行动,将先期在大连的人员全部抓获后,给曾某清与陈某章打电话约定"接客"地点的机会,成功构建了"请君入瓮"之局,顺利将陈某章等人抓获。至此,该案全面告破。

可见该案件是一个与偷渡团伙斗智斗勇的过程,专案组统筹全局与局部,兼顾长远与眼前,既计划周密,又应变有方,充分展现了专案组在行动过程中的谋略智慧,孙子兵法中的"诡道"之法得到了充分而灵活的运用。

小结:"迂直之计"是孙子兵法策略灵活性的集中体现,其中蕴含着深邃的转化思想与后发制人的思想，具有朴素唯物主义的辩证性。无论是警务执法作战还是日常勤务工作，既要强调时间的重要性，也要强调质量的重要性，核心就是效率问题。孙子的迂直之计正是效率至上原则的典型，值得我们去深入学习、体味、发展与应用。

专题十
速胜论及其在警务实战中的应用

"兵贵速,不贵久。夫兵久而国利者,未之有也。"

一、速胜论的含义

(一)速胜思想

速胜思想是孙子在《作战》中提出的:"兵贵速,不贵久。夫兵久而国利者,未之有也。"当然,孙子提出这一作战方针或作战原则并非想当然,而有着其独到的见解与现实背景。

首先,孙子认识到作战劳民伤财。在 2000 多年前,战争规模已经非常大,车战、步战的协同已经出现。面对如此巨大的规模,作战保障的耗费也是相当巨大的。所以,《孙子兵法》开篇就提到,"驰车千驷,革车千乘,甲带十万,千里馈粮。则内外之费,宾客之用,胶漆之材,车甲之奉,日费千金,然后十万之师举矣。"日费千金,对于当时一个诸侯国的 GDP 来说是相当巨大的。另外,在外作战,"相守数年,以争一日之胜",会造成百姓"怠于道路,不得操事者七十万家。"可见,长期的作战会使国库空虚,民生凋敝,对于任何一个诸侯国的国内稳定来说都是巨大的威胁。

其次,孙子认识到长期作战为外患提供可乘之机。对于长期作战,孙子认识到"胜久则钝兵挫锐,攻城则力屈",同时,会造成"中原内虚于家""百姓财竭"等社会问题,大大削弱国防力量及战斗力,为"诸侯乘其弊而起"提供了可乘之机,更严重的是"虽有智者不能善其后矣"。

再次,孙子认识到速度对军事作战有利。于军事作战而言,一方面把握战机对作战非常重要，而战机又常常稍纵即逝，只有快速，才能抓住它，利用它。所以孙子提出"故兵之情主速，乘人之不及，由不虞之道，攻其所不戒也"。另一方面，快速可以形成强大的力量冲力，有益于军事力量的发挥，正如孙子在《势篇》所论及的"势险"与"节短"才能形成"转圆石于千仞之山"的强大力量，击破敌人。

综合上述分析，我们可以将孙子的速胜思想归结为两个大的层次：一是战略速决，也就是说从经济、政治等综合国力的消耗上来宏观地分析认识速胜的重要性与必要性，这是一种全局性的战略思维；二是战术速决，也就是从战斗本身而言，"势险"与"节短"才能最大限度地发挥战斗力，形成作战能量的最大的释放，这是一种基于作战的纯战术思维。可见在当时的社会条件下，孙子能以一种宏观与微观有机结合的方式认识速胜并考察作战，是难能可贵的，体现了其对作战的思考与把握的深入与精准。

（二）速胜的含义

孙子在《作战》中具体分析了战争对经济的依赖和所造成的破坏，得出了"兵贵胜，不贵久"的结论，提出了"役不再籍，粮不三载"的速战速决方针。然而，"速度较之以简单的快速的行动而言，有着更为深层次的含义，其根本区别就在于行动轻巧与行动鲁莽"。[①]可见速胜不仅是单纯的速度问题，更是一个效率问题。基于此，笔者认为，速胜就是通过缩短时间，提高效率以获取作战主动权而取胜的方法。

二、速胜的原则

速胜固然重要，但是，速胜不是单纯一味追求行动的速度，而是相对的综合的速度。速胜应遵循以下原则：

（一）速而密

军事行动的成败在很大程度上取决于保密，特别是在作战中，"五间俱

[①] "In a military sense, there is more to speed than simply goingfast, and there is a vital difference between acting rapidly and acting recklessly." U. S. Marine caps. Tactics [M]. Washington. D.C: Headquarters United States Marrine Coprs, 1997.

起",双方形形色色的间谍在不为人知的战场上进行着激烈的生死角逐。"夷关折符,无通其使",就是要切断间谍来往的通道,防止作战机密外泄。因此,要达到"速胜"之目的,务必要隐蔽企图。对于警务实战而言,隐蔽企图主要包括:一是要保密与伪装,就是通过隐蔽警察的行动企图,使犯罪嫌疑人放松警惕与戒备,为下一步迅速行动创造可乘之机。当然,隐蔽既包括隐形,即可以通过隐藏物质形体或降低其与所处环境之间的对比度实现隐蔽,又包括隐神,即通过示形而隐蔽企图。这一原则在警察伏击与抓捕作战行动中非常有效。二是要选择较为复杂的地形与天气条件做掩护以隐蔽企图。"复杂的地形和天气条件能够有效地隐蔽袭击战斗行动,使其能够秘密、顺利地接近敌人或有效地隐藏自己,从面达成袭击战斗的任务。"

当然,只有保密,速度才有意义,没有保密,速度只能是徒劳。

(二)速而慎(厉于廊庙之上,以诛其事)

作战不同于一般的社会活动,其存在着激烈的对抗性,甚至流血牺牲。因此,强调速胜是夺取先机之利的必要。谨慎的态度与缜密的谋划又是速战决胜的前提。虽然孙子在兵法中明确表达了"兵贵速,不贵久",但孙子也看到战争会给交战双方均带来巨大的灾难,因此提出了"主不可以怒而兴师,将不可以愠而致战"的名言。战争的目的是"安国全军",即在确保胜利的同时保全军队,绝不能因发泄私愤,意气用事,轻启战端。"善战"不是"穷兵黩武",毛泽东也告诫人们,"我们不造成任何一个抗日战争的指挥员离开客观条件变成乱撞乱碰的鲁莽家"。同样,在任何一种战斗中,"庙算"于前,先谋而后动都是非常必要的。2007年发生在云南边境地区的"3·25"事件,可以说是速而有加、慎而不足的典型战例,其惨痛的教训更证明了速而慎原则的实用性与重要性。

(三)速而诡(先其所爱,微与之期)

孙子兵法中精义之一的"诡道"此前已有专门论述,在此不再赘述。速而诡的实质就是要在追求速度的同时,还要追求谋略的运用,两者并举,迷惑对方、迟滞对方,获取相对的速度优势。一是运用各种佯动、欺骗措施,迷惑和调动敌人,创造歼敌战机和达成袭击的目的;二是利用敌人心理,巧妙选择袭击时机和行动路线、地点,达成出敌不意、攻其不备的效果;三是运用奇特的袭击战斗手段，达成出敌不意、攻其措手不及的效果；四是巧妙运用各种化装手段，分散敌人的注意力，使其难以发现攻方的袭击征兆，降低其警戒，创造袭击机会。

当然对于警务执法作战而言，其执法性的要求非常高，运用"速而诡"的原则是有条件的，是受法律与政策约束的诡。这一点在上文中已经论述，详细见前文。

（四）速而猛

猛即迅猛、勇猛，指能量与力量在较短的时间内充分爆发。《孙子兵法》提出"是故始如处女，敌人开户，后如脱兔，敌不及拒"以及"其势险，其节短，势如彍弩，节如发机"等，都是对速而猛的充分论述。警察无论是执行打击贩毒、走私、偷渡等有组织、有抵抗力的暴力犯罪，还是打击一般性的违法活动，都应该遵循速而猛的原则。原因如下：一是速而猛可以弥补准备上的不足，以快速而迅猛的行动达成出其不意，攻其不备的效果。一般而言，警察常常是事后行动，任务紧急，时间仓促，准备时间更短，难免有考虑不周之处。速而猛常会使犯罪嫌疑人来不及组织有效的反抗，要么仓皇逃窜，要么不知所措，即使有部分顽固分子有所抵抗，对于快速迅猛的警察来说，其力量远远无法与之抗拒，所以警察即使有准备上的不足，也可以通过速而猛得到弥补。二是速而猛可以降低由于情况突变对警察行动造成的不利影响。速而猛可以降低犯罪嫌疑人发现警察行动的时间，有效地迟滞其组织逃跑或反抗行动，有利于打其措手不及，也可以降低警察由于长时间行动而产生警惕性下降的可能，还可以争取时间以应付其他的突变情况，有效地保持警察在行动与打击上的主动权。

（五）速而权

权即权变、变通。"《孙子兵法》通过对战争的观察，分析、总结、揭示了矛盾斗争的某些变化规律，提出了权变、应变、以逸待劳的战略战术。孙子指出，敌我双方的矛盾不仅是普遍存在的，而且是互相依存、互相转化的。"从方法上看，孙子提了"知己知彼""悬权而动""料敌制胜""践墨随敌，以决战事"。从规律上看，孙子提出了因敌而变、因势而变、因事制宜的权变规律。于警务执法作战与执勤来看，权变、变通尤为重要，是根本性原则之一。

从警务执法作战的特点来看，战斗存在着"案情复杂，行动多变"与"战斗突然，任务紧急"的特点，快速行动，以变应变，以变制变是适应警务执法作战的必然需求。从执勤工作来看，警察既有一般性的例行勤务（如临时检查、走访等），又有专项勤务（如奥运、世博、亚运、东盟峰会、博鳌论坛等），在执勤期间，有时难免有不法分子存在不良企图，警察可以针对不同的情况，制定不同的执勤方案，采取公开与秘密检查相结合、官方监督与发动群众监督相结合的方法灵活应对，及时发现隐患，快速处置，防止发生恶性事件，影响公安机关形象。总的来说，《孙子兵法》中的权变原则对警察采取行动具有重要的指导意义，应予以遵循。

三、速胜论在警务实战中的应用

警察的执法作战工作，无论是作战还是执勤，特别是反恐作战行动，持续时间相对较短，事件发生突然，规模小但影响十分之大。这一现实要求警察在应对过程中务求快，以速取胜。

（一）常备不懈，准备速度快

一般而言，警察受命于事发之后，任务紧急，特别是针对犯罪活动。犯罪嫌疑人在犯罪行为实施之后，有的选择藏匿，有的选择逃跑，还有的选择逃向境外寻求庇护，逃避打击。

对于警察而言，能不能有效地封控犯罪嫌疑人的逃跑通道，特别封锁通向境外的重要通道也成了打击类似犯罪的一个重要行动。从时间上来看，准备时间越少，就能越早到达作战地域，正如孙子所言，"先处战地而待敌者逸，后处战地而趋战者劳"，形成以逸待劳之优势。

准备速度快的前提是常备不懈：一是武器装备的维护保养经常处于良好的战备状态，使其能够取之即来，来之即可用、好用；二是警务执法力量拥有良好的知识结构与战斗、业务技能储备，随时可用，用之必胜。

（二）行动迅速，机动速度快

"兵之情主速"，孙子在《军争》中特别提出了机动速度对于作战的重要性，而"后人发，先人至"也同样看到了行军效率的高低。速度与效率同为孙子所谓"军争"（争夺与获取作战主动权）的必要条件。机动速度决定了进入作战地域的时间，甚至决定了执勤与作战的效率与成败。机动速度取决于两个方面的因素：一是交通运输工具。交通运输工具的性能可以大大提高运输的效率，使警察以最快的速度到达指定的配置位置，因此要求交通运输工具具备适合当地地形与环境的相关性能，还要经常处于良好的保养状态之中，随时可用。二是执法力量训练的素质。警察的训练素质也影响机动的速度，特别是人群高度密集的城区、极度偏远地区，地形条件复杂，可以通车的地方路况不同，有的人员非常密集，有的道路非常之险，所以对警察的技能、心理等要求高，需要不断地训练与提高。也有很多地方不可以通车，需要长途越野进入作战地域，对警察的体能要求非常高，所以提高警察的体能训练与疲劳状态下的技能训练就显得更为重要。

对于处置突发事件，特别是反恐行动，机动速度更显得重要。第一，快速机动可以有效地将事件的破坏程度控制在一定范围内，至少可以使事态蔓延的趋势得到有效控制。第二，可以有效地控制逃窜通道，将主要的犯罪头目或恐怖分子堵在我方可控范围内，为进一步的抓捕行动获得时间上的优势，进一步制定详细的抓捕方案。第三，可以缓减突发事件中不明真相或受裹胁的人群的气氛，避免事态激化和升级，造成不必要的冲突与伤害。

（三）灵活权变，转换速度快

"要想总能比敌人行动快，所需要做的不仅仅是在行动速度上超过敌人，还有更多。从一个战斗行动向另一个战斗行动的快速转化也十分必要。"[①] 孙子在其兵法中同样提出"其疾如风"，然后又提出"悬权而动"，充分考虑了速度与权变对于作战的重要意义。

转换主要是指任务与战术的转化。警察在日常工作中面临的转化问题主要包括两个方面：一是任务转化，是指目的不同的两种任务间实现转化。如警察在执行日常勤务状态下发现犯罪活动，从日常勤务向作战状态下实现转化。这种情况在警务实战中是非常常见的，也是非常重要的，是一种突发性的事件。警察能否快速转换工作角色与任务，第一时间进入抓捕与应战状态，

---

① "In a military sense, there is more to speed than simply goingfast, and there is a vital difference between acting rapidly and acting recklessly." U. S. Marine caps. Tactics [M]. Washington. D.C: Headquarters United States Marrine Coprs, 1997.

有效控制犯罪活动，是制止并打击犯罪活动的关键。二是战术转化，是指在同一任务之下，以不同的战术方法相互配合、相互转换应用而达到取胜的目的的一种转化形式。战术转化的情况也是警务实战中应用较多的一种转化形式。无论是打击哪一种犯罪活动，很少能采取一种单独的战术而取胜，往往是多种战术并用，灵活转化，才能使犯罪案件的侦查、作战或执勤处于主动状态，而战术转化的协调、有序、快速也当然地成为提高警务执法工作效率与掌握主动权的关键点。如在打击贩毒分子的过程中，有的贩毒分子会听从警察的指挥而投降，有的会乘机逃窜，还有的会亡命顽抗，那么在打击过程中，既要有抓捕战术，又要有追击战术和歼灭战术，如何转化及转化的效率就成了作战的关键。

（四）统筹协调，指挥效率高

能否统筹协调、指挥效率的高低同样也决定着警察执勤与作战的效率，而指挥效率的高低取决于两个因素：一是指挥手段，二是指挥方式。

从指挥手段来看，目前警察配备的主要是无结电台、手机、对讲机、警务通等工具，上海等发达地区也有相对较好的合成指挥平台以及AI（人工智能）单警指挥通信装备，这些工具对于指挥信息的传达、处理效率非常之高，能够将指挥信息以最快的方式，传达到作战一线或执勤现场，大大提高了指挥的效率。但是，不可否认，许多地方的信息化指挥还没有实现，更没有相对稳定对接的一体化指挥平台，快速协调与多角度、全方位、远程可视指挥更是难以快速实现，而最多的就是依靠电话指挥，这在一定程度上使指挥的合理性与科学性受到了阻碍，降低了指挥的效率。但是随着"智慧警务"的推进，警务工作信息化的发展与建设，指挥工具必将全面改革，远程现场指挥并非遥不可及。

从指挥方式来看，目前主要是两种方式并存，一是集中指挥，另一个是分散式指挥。两种指挥方式各存在优缺点，但相对而言，集中指挥有利于统一行动，统筹协调，不利于发挥下级的主动性与积极性；分散指挥具有相对灵活性与应变性，但协调起来比较难。相比较来看，分散指挥更有利于节省时间，临机处置，有利于提高指挥效率。

随着信息技术的发展，"扁平化指挥"逐渐得到发展。2019年5月，习近平总书记在全国公安工作会议中强调"要坚定信心、乘势而上，把新时代公安改革向纵深推进。要推行扁平化管理,把机关做精、把警种做优、把基层做强、把基础做实,加快构建职能科学、事权清晰、指挥顺畅、运行高效的公安机构职能体系。要树立大抓基层、大抓基础的导向,推动重心下移、警力下沉、保障下倾,增强基层实力、激发基层活力、提升基层战斗力。"[①]可以看出,当前公安工作的重要性不言而喻,而党和国家对于公安工作的与时俱进、信息化发展也提出了全新的要求。基于信息技术的发展,指挥层级在不断减少,综合性指挥管理平台的建设力度在不断加大,信息流通与处理速度加快,这使指挥周期不断缩小,效率也在不断提高,势必成为今后一段时期发展并运用的主要作战指挥方式,也是赢得作战与执勤主动权的主要指挥方式。

四、经典案例与解析

"12·25"天津搜捕持刀劫匪战斗

一、基本情况

2007年12月25日夜,在位于天津市北辰区津围公路的一条偏僻的小路上,5名持刀劫匪在1个小时内疯狂作案4起,抢劫10名路人。接到群众报警后,天津市北辰警方紧急出警,迅速布控,对5名劫匪进行围追堵截,并举枪威慑,仅用半个小时,5名实施疯狂抢劫的劫匪在黑洞洞的枪口面前束手就擒。

二、战斗经过

2007年12月25日22时49分,北辰公安分局指挥中心接到群众报警,在北辰区小淀镇津围公路的一条偏僻的小路上,有三男两女5名外地青年持铁管和尖刀对行人实施抢劫。接到报警后,指挥中心的值班民警立即用无线电台向全区各巡控点位下达布控指令:"各巡控点位请注意,刚刚在小淀镇津围公路附近发生抢劫案,三男两女5名嫌疑人持刀及铁棍将2名过路的青年男女打伤,抢走1部手机及部分现金后沿津围公路向宜兴埠方向逃窜,其中

---

① 人民网. 锻造高素质过硬铁军,习近平对公安队伍提出最新要求 [DB/OL]. [2019 - 05 - 08]. https://wap.sogou.com/web/id = 19bf4824 - c708.

1名男子上身穿黑色防寒服，5名嫌疑人均为外地口音，请各巡控单位在巡逻中注意发现……"接到指令后，分局各派出所立即采取紧急行动，到达指定点位设卡堵截。与此同时，分局防暴支队、宜兴埠派出所的民警驾驶一辆辆闪烁着警灯的警车呼啸着向津围公路方向迅速集结，按照分局指挥中心发出的指令，在案发地四周展开严密的搜索行动。一张抓捕劫匪的大网在全区范围内瞬间铺开。

大雾弥漫了整个夜空，当时的能见度只有2米多远，这样的天气给整个搜索行动造成了极大的困难。就是在这样恶劣的天气条件下，每名参战民警都抱着决不能让劫匪逃脱的信念，认真仔细地搜索着每一条胡同、每一个路口。公安北辰分局防暴队民警彭某、袁某带领辅警金某、范某驾驶警车沿途搜索，大约30分钟后，他们来到一工厂附近，发现工厂围墙外一条漆黑的胡同口有几个黑影若隐若现。他们4人立即停车，运用平日训练学到的查缉战术相互掩护，慢慢向那几个黑影靠近，就在即将接近胡同口时，那几个黑影突然从胡同中窜了出来，企图以浓雾做掩护伺机逃窜。民警彭某立即掏出手枪，对准几个要逃跑的家伙，大声喝道："别动，再跑就开枪了！"此时，民警袁某和辅警金某、范某一起上前将要逃跑的三男两女围住。望着黑洞洞的枪口，5人顿时傻了眼，站在原地不敢挪动半步。

民警发现，这5人穿着打扮以及体貌特征与报警人提供的极为相像。随后，民警分别在这5人怀中及衣袖中缴获两根约60厘米长的铁棍和一把30厘米长的尖刀，以及9部手机和大量零散的现金。随后，其他参战民警闻讯后相继赶到，将5人押解到分局刑侦八大队接受审查。

刑侦八大队在审理中获悉，古某，山东省人，王某强，黑龙江省人，薛某，河北省人，刘某，河北省人，王某娜，河北省人，是暂住在一个大杂院中的"好朋友"，经常聚在一起上网吧、吃馆子、溜旱冰。据王某强交代，案发当日11时许，他曾找过薛某，和其商议到年底回老家前要弄到钱的想法，后2人想到津围公路小淀路段有一大片工业区，工厂很多，每月的25日大部分工厂都发工资，可以趁机搞点钱花。主意已定，14时许，两人来到小淀镇津围公路附近，选择地点比较偏僻，同时又是许多人上下班必经的一条道路，准备天黑后下手。为了在实施抢劫时多点人手，他们又与古某、王某娜、刘某取得联系，在得到3人的认可后，5人开始准备铁棍、尖刀等作案工具。17时许，天还没有完全黑下来，5人就迫不及待地租了一辆电动三轮车来到事先选定的路段，开始寻找作案目标。

当晚20时左右，有5名行人从路边经过，王某强等人冲上前去将5人踹倒后就是一通猛打，后抢走他们5部手机和千余元现金后逃走。回到暂住处，5人觉得原来弄点钱就这么容易，眼看就要回老家了，决定回去再"切一锅儿"。22时许，5人返回刚刚实施抢劫的地点，继续采用暴力殴打、持刀威胁等手段，在短短1个小时内实施抢劫，作案4起，抢劫10名行人，抢得9部手机，现金2600元，一辆电动自行车、一辆自行车以及身份证、信用卡等物，其中2名被害人伤势严重，住院治疗。

多行不义必自毙，这5名打工仔、打工妹本应脚踏实地地靠自己的劳动赚钱，却选择了一条违法犯罪的道路，古某、王某强等5人已被公安北辰分局刑事拘留，等待他们的将是法律的制裁。

三、谋略解析

（一）反应迅速，部署及时，以"速"求先

该案件在处置过程中，体现了反应迅速，部署及时，以"速"求先的基本谋略，主要表现在以下三个方面：一是接到报案后，指挥中心快速将警情向各巡控点进行通报，各巡控点对涉案人员的情况进行重点排查，防止其漏网；二是及时指挥相应巡控点的民警快速向涉案地点及其周围移动，封控案发现场周围路口及要点，为及时发现犯罪嫌疑人，防止其四处逃窜赢得了先机；三是指挥分局防暴支队、宜兴埠派出所等后续机动支援力量快速向案发区域机动，以备应急之需，为后续犯罪嫌疑人的有效控制提供了强有力的力量保障。

（二）讲究战术，速而"慎"重，控制局面

从本案的情况通报及当晚的实际情况我们可以看到，第一时间到达现场的民警仅有4人，而犯罪嫌疑人有5人，力量及数量对比上我方并不占优势；从现场环境来看，天黑再加之有大雾，能见度极低，现场控制难度极大；从作案工具来看，犯罪嫌疑人携带的是铁棍、刀具等，且已形成暴力抢劫的犯罪事实，面对民警的抓捕，其暴力抗法的风险极高，民警的危险程度极高。因此，看似一起普通的暴力抢劫案，其实存在着很大的风险，对于处置民警而言，需要有充分的准备与足够的智慧。

搜索民警在来到一工厂附近时，发现工厂围墙外一条漆黑的胡同口有几个黑影若隐若现，形迹可疑时，并没有求胜心切地鲁莽冲上去，而是以战术队形，通过相互掩护接近犯罪嫌疑人，体现出了民警良好的战术素养与安全意识，也体现出了民警求"速"的同时还求"慎"。通过战术的接近，进一步缩小犯罪嫌疑人的活动范围，控制局面，为下一步的执法行动创造机会。

（三）抢占先机，速而"诡道"，控制现场

求胜最重要的技巧就是争先，抢占先机。无论是何种类型的战斗，抢占先机均为头等大事，无论何时何地何种情况，先机绝不能让对手抢去，这是铁律！

在本案中，民警在接近犯罪嫌疑人时，恰当地抢占先机，快速而"诡道"，控制现场。首先，指挥员迅速发出口头警告，让对方措手不及，来不及反应，4名民警快速站位，对5名犯罪嫌疑人进行站位控制，由此抢占了先机。其次，由于天黑与浓雾，犯罪嫌疑人不知道警方究竟有多少警力，不敢贸然反抗；再加之我方携带武器，犯罪嫌疑人可以清楚地看到，也同样起到了威慑的作用，因而4名警察便对5名犯罪嫌疑人形成了有效的控制，缴获了犯罪证据，30分钟便快速侦破案件，可谓是"速"胜的典型。

小结：孙子提出的"速胜"思想虽然是立足于其所处的时代，但时至今日，在警察的战斗与执勤中，依然具有重要的指导意义。学习之，吸收之，发展之，创新之，于警务实战中运用之，是我们的根本目的。其中需要处理与把握好"速度—效率—权变"之间的关系，真正使孙子"速胜"思想在警务实战中得到充分的发展和应用。

专题十一
慎战论及其在警务实战中的应用

一、慎战论的含义

《孙子兵法》虽然说是一本兵书,是研究用兵打仗学问的著作,但是,全书却充满了慎战的思想。解读之,我们会发现,《孙子兵法》之所以注重慎战,是有其深刻的认识的。

(一)孙子慎战的原因分析

孙子慎战思想的提出,并不是无中生有地以一个佛善之心提出的,而是在深入洞察战争与国家、民生安危之关系后提出的具有"安国全军"战略意义的思想。

1. 作战劳民伤财

孙子提出,"千里馈粮"与"日费千金"的作战,带来的只能是"不得操事者七十万家",还有"百姓之费,十去其七","公家之费,……十去其六"。这样的大的作战消耗,对于以农业为基础的经济实体来说,是非常巨大的,其结果只能是民生凋敝。

2. 作战有亡国之险

由于作战消耗巨大,不论是物资还是人力都难以在短期内恢复,因此,"中原内虚于家""屈力殚货",最终还可能是"诸侯乘其弊而起""虽有智者,不能善其后矣"。

3. 作战伤亡太大

孙子提出,"夫战胜攻取,而不修其功者凶,命曰费留""君不可怒而兴师,将不可愠而致战"只因为"怒可以复喜,愠可以复悦",而"亡国不可以复存，人死不可以复生"。由此可以看出孙子对于国家及民生的重视，所以最后提出"明主慎之，良将警之，此安国全军之道也"。

（二）孙子慎战思想的体现

从上文中，我们可以看到，孙子写兵法，以指导战争，却时时渗透着慎战的思想，但同时也辩证地看到，慎战不是不战，这是有着深刻的时代与文化背景的①。在战国时代，封建君主之扩张野心膨胀与不甘为人所吞并的矛盾客观存在着，由此，幻想和平是根本不可能的，所以诉诸战争是历史的必然。孙子的出身和生命历程使他不仅具备对战争残暴性的直接体验，而且对战争客观必然性具有深刻的认识。正是在对战争残暴性和客观必然性相统一的认识基础上，孙子孕育出了重战且慎战的思想。其精义主要有：

庙算——即战前的充分谋划，较之以"七情"，比之于"五事"，虑之"杂于利害"，然后再决定是否兴师。

用间——即作战过程中需要把握对方的情况，"知己知彼""知天知地"，不作无谓的牺牲与物资消耗。

求全——即作战中，以"全"为上，以"破"为次，以"伐谋""伐交"为先，以"伐兵""攻城"为下。

用势——即作战中，充分借助各种自然条件及敌我双方条件，力求用最小的消耗达成最大的成果。

修功——即战胜一方以一定的措施对所占领的地方的人民进行安抚以达到缓减矛盾尖锐性，实现"胜兵而益强"的目的，同时也是巩固与扩大战果的重要途径。

一言以蔽之，慎战思想就是通过战前的充分庙算，对作战过程中信息的全面把握与权衡，以达到全胜而非完全的杀戮为目的，充分借助各种可以利用的条件以达成胜利，并通过战后一系列安抚措施达到化解矛盾，巩固、扩

---

① 孙子处于"百家争鸣"的时代，墨家主张"兼爱非攻"，儒家主张以"仁"，道家主张"无为"，这三派都是不主张战争的；而法家却奉行对内法治、对外战争的政治策略，鼓吹战争万能论。但就对战争的思考与分析而言，孙子的观点无疑是取诸子所长：既没有否定战争所带来的进步性，也没有忽视战争的残酷性，即不主张把战争当作解决一切事情的万能药水——即主张"慎战"。所以孙子作为一个兵家，不仅仅是一个简简单单的用兵高手，还是那个混乱时代对战争有着清醒的认识，并引领人们对战争正确认识的具有跨时代意义的军事政治思想家。

大战果的一种作战思想。

二、慎战的基本原则

对于慎战,孙子提出了三个基本的原则,如果将之发展,应用于警务实战之现实,也是非常精练而有着现实的指导意义的。

(一)非危不战

非危不战是一种处于被动而被迫反击的形式。警察作为维护社会稳定的一支执法性力量,首先考虑到的不是如何将犯罪嫌疑人击毙,从肉体上将其消灭,而是为了维护法律的严肃性与公正性,将之绳之以法,接受法律的制裁,以达到维护社会稳定,震慑犯罪的目标。因此,如果犯罪嫌疑人不是以武力相抗拒或以武力相威胁警务人员,或以威胁国家安全、人民生命财产等极端手段相威胁,构成严重危险的情况下,警察不会首先采取武力将之消灭。相对而言,能通过说服教育、情感感化、仁义感召以及政策法律劝导实现作战目的的话,不会采取损害犯罪嫌疑人身体的作战方式。

当然,非危不战原则不是拘泥于 2500 多年前孙子基于其所处时代的认识,而是基于 21 世纪警务工作现实斗争与发展之需要而借鉴、发展后形成的全新原则,这是因为:

1. 非危不战是执法性的要求

在法律面前,人人都是平等的。剥夺一个人的生命或健康,是有着明确的法律规定的。当然,警察行使职权的权限与武器的使用也是有着法律明文规定的,不是随心所欲、不分轻重的滥用。犯罪嫌疑人犯什么罪,应受到什么处罚,法律都有着明确的规定,"罪刑相适应"。《人民警察法》《人民警察佩带与使用武器规定》以及《人民警察使用武器与警械条例》《处置突发事件法》等都对警察的行为权限作出了明确的规定,所以,慎战是警察执法性的要求,非危不战则是这一要求的集中体现。

2. 非危不战是涉外性的要求

随着人员的国际化流动加快,警务执法的涉外性也越来越多,涉外警务也随之发展,特别是在我国的边境地区,与相邻国家最近,涉外性明显。然而,边境地区又是国家管控力度相对较弱而又非常敏感的地区,跨境犯罪现象严重，特别是在打击犯罪活动中，有时会遇到非中国国籍的公民犯罪的情况，依照法律是需要引渡或遣返的。如果采取了以武力杀伤的手段，势必会引起一些外交纠纷。在一些敏感的区域，采取暴力手段打击犯罪活动也会引起不必要的误会，甚至导致国家间的冲突。因此，涉外警务执法工作同样需要以慎战为指导，非危不战。

正如前文所述，慎战不是不战，非危不战的"危"主要表现在以下几个方面：

1. 犯罪嫌疑人以武力反抗，危及警察执法人员的安全时

警察在打击犯罪活动过程中，特别是严重的毒品犯罪案件，许多犯罪嫌疑人的罪刑已构成了死刑，一旦被抓捕，其后果自然是死，所以，这些犯罪嫌疑人遇到警察的打击与抓捕，会拼死反抗，以求一线生机。对于这样的犯罪嫌疑人，如果危及了警察的生命安全时，警察可以依据法律与战场情况，果断处理，将其击毙，防止造成不必要的伤亡与损害。

2. 犯罪嫌疑人以极端手段危害国家重要目标、设施的安全以及危及广大人民群众生命财产时

有些犯罪嫌疑人，包括贩毒、偷渡蛇头以及恐怖分子，在实施犯罪被发现后，无路可逃，又不甘失败被抓捕，在情急之下，会利用就近的重要目标作为威胁，以求自保，如占据加油站、交通枢纽以及易燃易爆、有毒化学物质的单位等，这些单位一旦发生爆炸，就会造成国家的损失以及更大范围的危害，且影响也较为恶劣。对于这样的极端的犯罪嫌疑人，也可以在条件适合的时候，将其击毙。

3. 犯罪嫌疑人劫持人质出现危险时

有时，犯罪嫌疑人，如罪刑至死或是恐怖分子等，在察觉被警察控制后，往往在情急之下就近劫持人质，以其作为要挟警察释放其逃跑的筹码。当谈判条件没有及时达到或情况出现突然性变化时，过度紧张的犯罪嫌疑人会走极端，甚至可能危害人质的生命。在这样的条件下，警察可以根据条件的变化，选择适当的时机，将之歼灭。

（二）非得不用

"非得不用"是孙子提出的第二个可以"战"的原则。"非得不用"主要是针对取胜的把握性与成功的概率而言的，与"费留"相对。警察作为一支维护国家社会稳定的重要力量，打击犯罪活动、维护社会稳定是其根本职责所在，因此在面对犯罪行为时，于情、于理、于法都应该采取果断的行动对其制止。然而，采取有效的作战行动并不意味着通过暴力这种唯一的方式解决，这在"非危不战"中已经有过充分的论述，在此不再赘述。

即使是采取暴力的形式进行解决，也需要谨慎行事，不能急功近利，更不能鲁莽。所以，在此过程中，要在"得"上下功夫，即在提高把握性与成功率上下功夫。

1. 知

孙子曰："知己知彼，百战不殆。"积极主动地打击违法犯罪嫌疑人，首先需要掌握犯罪嫌疑人（集团、团伙）的数量构成、经历、反抗能力以及企图等各种情况，以求"致人而不致于人"。当然，这也是提高精确性打击的必要步骤。

2. 谋

谋即根据所掌握的信息进行打击前的谋划，包括采取的战术与策略，协同与配合、保障等各个环节，使整个行动协调统一，形成一个整体作战力量。

3. 制定预案

预案是提高成功率、应对各种突发情况最为有效的途径，特别是应针对可能发生的情况，制定多种预案，并进行经常性的演练，而不是临时部署，错失战机，造成"费留"之后果。

（三）非利不动

非利不动是孙子提出的第三个原则。它是针对作战效益而言的一个基本原则。孙子提出的"利"是封建君主为一己私利而选择了战争，是赤裸裸的利益之争。而警察在执勤与执法过程中，又应如何把握这个"利"呢？笔者认为，在警察的执勤与执法过程中，"利"应从以下两个方面来把握：

1. 主动

所谓主动就是指警察在作战过程中，应站在国家之间与国内社会两个较高的角度去认识。从国家之间的角度来看，警察执法要有政治敏感性。警务作战，特别是在边境地区执法的警察采取作战行动，打击跨境犯罪、反恐以及其他形式的冲突事件，应始终以国家的对外政策与方针为指导，既要对非法侵犯我国利益的外国犯罪嫌疑人给予严厉的打击，又要注意掌握证据，做到合情、合理、合法，有理、有利、有节，为可能引起的国家间的争端争取外交上的主动权，争取国际方面的有利影响与舆论。

2004年1月8日上午，海南省几艘渔船在北部湾海上分界线中方一侧正常作业时，遭3艘身份不明的武装船只抢劫和开枪袭击。我国海上执法力量的船艇在得到渔民报警后赶到现场解救，3艘武装船只首先开枪，击伤我方船艇和执法人员。执法人员被迫采取了必要行动，击毙数名武装抢劫人员，抓获1艘抢劫船和8名抢劫人员，并当场缴获了作案用的武器弹药和工具，同时也收集了大量的人证、物证、书证等证据，并确定犯罪嫌疑人系越南人。对此暴力冲突，外交部依据《中越领事条约》及《中越北部湾渔业合作协定》向越方进行了通报，并取得了外交上的主动权。

从国内社会的角度来看，警察又是一支执法队与群众工作队，特别是针对情况复杂的民情与社情、宗教与民族关系以及特殊的政策，需要警察始终严格依法行事，依据政策规定行事，注重事实、遵守法律、讲究策略，避免因急躁或鲁莽而引发较大规模的民愤与冲突，使执法行动陷于被动局面。

2. 利益

警察在打击犯罪活动中体现的利益主要是国家利益。从宏观方面来说，只要有效地打击了犯罪，将犯罪嫌疑人绳之以法，保持社会治安与稳定良好，就是最大的利益。但是，作为一支执法力量，衡量其作战胜败的标准也相对较高，其中物质损失（包括作战人员）与法益都包括在内。因为打击犯罪而造成不必要的人员伤亡或大量物质的损失，抑或程序违法，在知法犯法、执法犯法、法益对比不利的条件下采取作战行动，都是与"非利不动"原则相违背的。另外，利益原则还应该从部分与全局的角度来解析。如在打击毒品犯罪、走私、偷渡以及反恐等活动中，"抓团伙、端窝点、摧网络"是利益之首选，当然也是用战之时，相反，如果因为打击马仔而打草惊蛇，使得前功尽弃，则是与之相违背的。如2004年发生在福建的一起制造假护照案件，由于相关力量没有注重犯罪证据的收集，只把犯罪嫌疑人家中的值钱物品没收，致使打草惊蛇，线索中断，又因为没有确凿证据，最终不得将扣押的物品如数返还，还使案件陷于僵局。

三、慎战论在警务执法实战中的应用

孙子的慎战论是着眼于其所处的多极战略环境下所提出来的。由于面临着许多纷繁复杂的矛盾,甚至是牵一发而动全身,所以,应对这些挑战必须保持谨慎与理智,其慎战思想因此而表现出独特的智慧。当前,警察同样面临着多重的矛盾与复杂的形势。从外部来看,跨境犯罪、恐怖活动、分裂势力、越界捕捞、采药等带来的潜在威胁客观存在且有加剧之趋势;从内部环境来看,群体性事件、暴力犯罪、群体性突发事件、贩毒、走私、偷渡等屡禁不止,且手段不断翻新。诸如此类的事件,都给警察打击犯罪活动带来严峻的挑战。当然,不战不足以打击与威慑犯罪,但仅靠强力打击也未必是最有效的解决途径,因此,孙子的慎战思想给我们以很好的借鉴。

(一)打击涉外犯罪力求做到有理、有利、有节,合情、合理、合法

对外斗争,特别是警察在维护国家利益与社会稳定时,遇到外国人参与犯罪的情况,需要格外谨慎。它不仅关乎能否有效打击犯罪的问题,更关乎外交的主动性问题,还关乎国家形象与政治影响问题。特别是在现代通信工具日益普及的今天,个别事件、孤立事件极易被分裂势力、敌对势力插手利用,并进行无中生有的谣传、扭曲、放大,往往造成局部问题扩大化、简单问题复杂化、国内问题国际化、一般问题复杂化。因此,警察在打击外国人参与的犯罪活动(其中包括以获取直接经济利益为目的的犯罪与以刺探情报、伺机破坏国家安全、稳定以取得政治目的犯罪活动)时,需要保持谨慎的态度,作冷静的理性思考,既不纵容犯罪,给其以有力的打击,全力维护国家与人民的利益;同时还要讲究原则与策略,讲究事实、证据与法律。坚持有理、有利、有节的斗争,合情、合理、合法的打击,适时揭穿其阴谋,以此来稳定社会秩序,争取政治、外交上的主动,维护国家的利益与民族的尊严。

（二）打击国内犯罪力求做到非危、非得、非利不战

在慎战的基本原则中，我们讲到了警察的执勤与执法中，何为"危""利"与"得"。2009年5月，公安部提出了全新的理念：理性、平和、文明、规范。[①]这与孙子兵法所提出的慎战思想的精髓不谋而合。

在打击国内的违法犯罪时，特别要考虑到时间与形势的紧迫性是否达到临界、成功的把握性是否有足够的保证、主动性与利益性是否达到了全局上的最大等一系列问题，防止因时机不当，打击不力，执法不严，出现"胜"而不"利"等问题，最终陷于被动的局面。

当然，打击国内的犯罪，处理的主要是人民内部矛盾，保持最大的克制，最低限度使用武力是对执法作战的总要求。如果情况危急，达到"危"之临界、"利"之最大、"得"之精准的条件，警察则应果断处置，必要时可以将犯罪嫌疑人击毙。

2008年9月16日，云南警方查获缅甸瓦邦的走私雷管100多万枚，及时将犯罪嫌疑人钟某抓获。时值缅甸政府军与地方军之间矛盾冲突激烈，如果打击失败，一方面会造成中国政府支持缅甸反政府武装的假象，引起政府之间的纠纷，另一方面，也会对中国的社会安全造成影响。所以无论是从国际还是国内的利益来看，对于这样的犯罪嫌疑人，应坚决打击，决不姑息。

（三）打击为主，辅以"修功"

在前面我们说过，慎战不是不战，更不是惧怕战，而是因为战虽然可以打击、震慑犯罪嫌疑人的嚣张气焰，但不是解决问题的唯一的方法，也不一定是解决问题的最佳方法。"生命诚可贵""亡国不可以复存，死者不可以复生"，正是出于对生命、对人权的尊重，出于对国家安全与人民

[①] "理性"是指执法民警在执法活动中必须把法制效应、社会效应、政治效应结合起来，深入分析、缜密判断、权衡利弊、统筹兼顾，力争使综合效应达到极点。"平和"是指执法民警以平等谦和、宽容理解、虚怀若谷、不卑不亢的心态去面对执法对象或执法相对人，疏导和化解社会矛盾，构建和谐警民关系，最大限度地增加和谐因素。"文明"是要求执法民警改进执法方式方法，准确使用执法权利，让群众信服，逐渐树立警察威信，使人民群众从文明执法中感受到法律的尊严和权威。"规范"是指贯彻执行好法律、法规、规章、程序要求，完善自身执法建设管理的各项制度，阳光执法，接受各界监督，始终使执法不偏离正确轨道，稳步提高执法水平。

生命财产的保护与利益最大化、损失最小化的综合考虑，所以才重战而又慎战。

当然打击是必要的，但不是唯一的，特别是警察的执法作战，绝不是仅仅以消灭犯罪嫌疑人的肉体为目的。另外，警察普遍面临着"点多、线长、面广、人少"的困局，所以除执法作战之外，"修功"就显得尤为必要，更为重要。《孙子兵法》提出："夫战胜攻取，而不修其功者凶，命曰费留。"孙子在这里强调的"修功"，就是指"攻取敌人的地盘以后，必须要迅速做好争取人心、巩固和扩大战果的工作"，也就是说获胜者通过怀柔的手段对所占领的地方进行安抚以达到缓减矛盾尖锐性，实现"胜兵而益强"的长久占领目的，也是实现长久巩固作战成果的目的。这为人们从另一个角度认识战争，巩固作战成果开创了思维的先河，也是其慎战思想的重要表现。无独有偶，"修功"的另一个高超的战略家、军事家与政治家毛泽东，提出的"人民战争"思想与"群众路线"思想就是"修功"的绝高境界。"一切为了群众，一切依靠群众，从群众中来，到群众中去。""动员了全国的老百姓就造成了陷敌于灭顶之灾的汪洋大海，造成了弥补武装缺陷的补救条件，造成了克服一切战争困难的前提。""这个军队之所以有力量，是因为所有参加这个军队的人，都具有自觉的纪律；他们不是为着少数人的或狭隘集团的私利，而是为着广大人家群众的利益，为着全民族的利益，而结合，而战斗的。紧紧地和中国人民站在一起，全心全意地为中国人民服务，就是这支军队的唯一的宗旨。"①

"修功"对于警务实战来说，是有效打击、预防犯罪的重要环节。

第一，有利于在平时日常工作中建立牢固的群众基础。从公安机关建立开始，群众工作就始终是一个重点，警察不仅是一支执法队，同样是一支群众工作队，其优势不言而喻。云南警方开展的"禁毒人民战争"、广东、福建、浙江、江苏等沿海地区开展的"海上110"，内蒙古边境地区开展的"草原110""沙漠110"等形式多样的警民共建、警民联防工程，都是以孙子兵法中"修功"思想为基点、以毛泽东"人民战争"思想的"修功"升华为指导，结合时代与警务工作特色而形成的独特的"慎战"方法。当然，通过"修功"，有效地预防、发现并打击各种违法犯罪活动，也弥补了警察在执法工作中面临的"点多、线长、面广、人少"的困局，有效地实现了社会稳定

---

① 论联合政府. 参见：毛泽东选集（第三卷）[M]. 2版. 北京：人民出版社，2009.

的目标。

第二，有利于战前充分掌握情况。对犯罪嫌疑人的活动情况的了解与掌握，是取得主动权、减少危害性与不确定性的关键，也是慎战的关键一环。警察在打击犯罪活动中，就是要修掌握与应用信息之功，不打无准备之仗，也不打有准备而无把握之仗。

第三，有利于战中力求伐谋为上，伐兵为下。孙子兵法从策略的角度提出具有梯度性的作战方案指导"上兵伐谋，其次伐交，其次伐兵，其下攻城"，并强调"攻城为不得已"。对于警务执法作战来说，伐谋不仅是降低损耗的需要，也是法制健全条件下执法作战的要求，更是未来警务执法作战的趋势。因此，在警务执法作战中，应力修"谋"之功，通过较为温和的手段达成暴力手段所能达成的效果。

第四，有利于战后消除不良影响。警务执法作战范围非常广泛，有的执法作战还常常伴有较大的影响，有时还掺杂着政治与外交的成分。境外的一些分裂组织以及一些国家往往借助国内事件大加炒作，以此来断章取义，歪曲事实，丑化中国。因此，警察在作战后，特别是一些颇受人们关注的事件，还要注重消除各种不良的影响，适时通过媒体发布相关消息，以正视听，防止不法分子利用之煽动不稳定因素。

四、经典案例与解析

"4·26"扬州抓捕盗窃嫌疑人战斗

一、基本情况

2011年4月26日下午，3名盗窃保险箱的犯罪嫌疑人藏匿在梅庄新村43栋402室内拒捕顽抗。对峙7小时后，江苏省扬州市公安局治安支队特警大队"鹰之队"出动10名特警队员，切割防盗门，破门而入，最终将3名犯罪嫌疑人逮捕归案。

二、战斗经过

2011年4月下旬，维扬区发生了一起盗窃保险箱的案件。接到报案后，维扬警方经过侦查，将其中一名犯罪嫌疑人抓捕归案。经过缜密的审查，办案民警发现另外3名犯罪嫌疑人就住在西梅庄小区。4月26日10时左右，了解到犯罪嫌疑人藏身之处后，维扬区公安分局刑警大队派出近 30 余名警力，迅速赶到现场严密布控。

为防止犯罪嫌疑人做出过激举动，10 分钟之内，警方将整栋楼的居民进行疏散，居民们还不知道发生了什么事情。这时，3 名犯罪嫌疑人已经知晓了外面的情况，将防盗门反锁，前后玻璃窗也紧紧关闭。民警看不到屋里的情况，不好采取行动，为避免犯罪嫌疑人"狗急跳墙"，只好等待最佳时机与犯罪嫌疑人对话。

"你们已经被包围了，跑不掉了，赶快出来，争取宽大处理。"为了给犯罪嫌疑人一次悔改的机会，警方派谈判专家进入现场，希望通过谈判，让 3 名犯罪嫌疑人醒悟，接受警方的调查。

"里面怎么没有人说话？"谈判专家一直站在犯罪嫌疑人藏匿屋子的门外，不停地跟犯罪嫌疑人交涉，但犯罪嫌疑人并没有领警方的情，藏在屋子里，一声不吭。15 时左右，谈判专家已经跟犯罪嫌疑人交涉 5 个小时，专家费尽口舌，但犯罪嫌疑人仍然不肯开口，也没有向警方投降的意思。显然，几名犯罪嫌疑人是在向警方示威并拒捕。警方第一套抓捕方案搁浅。

谈判专家交涉无效，不战而使之"缴械投降"难度很大。一旦久拖不决或犯罪嫌疑人产生自残心理，现场自残，其生命安全肯定得不到保障。怎么办？经过现场研究决定，警方决定出动特警，采取强攻抓捕，将 3 名犯罪嫌疑人强行拿下。

治安支队特警大队"鹰之队"是扬州市公安系统的中坚力量之一，在执行许多重大任务时，这支队伍一直都有良好的表现。接到命令后，"鹰之队" 10 名特警队员迅速整理好装备，快速登车，在极短的时间内赶到现场，将现场牢牢地控制住。

至此，警方的第二套抓捕方案悄悄地展开。特警持枪占据有利地形准备强攻。15 时 5 分，特警队员在勘查完现场情况后，根据作战方案，10 名特警立即持枪，迅速占据现场有利地形，准备强攻。

特警的到来，对犯罪嫌疑人形成了强大的威慑力。在此情况下，警方谈判专家再次展开心理攻势："我们的特警已经到现场了，你们是不可能逃走的。"

"我们想投降。" 6 个小时的煎熬，让 3 名犯罪嫌疑人身心疲惫，已经快接近崩溃的边缘。3 名犯罪嫌疑人虽然一直藏匿在屋子里,但他们也没有闲着。他们发现特警已经在现场布控,知道逃生的希望不大,在此情况下,3 名犯罪嫌疑人经过合计后,决定向警方投降。

6 个小时后,犯罪嫌疑人突然决定向警方投降。他们是真的投降,还是使诈?对于现场所有办案民警来说,这还是一个谜。犯罪嫌疑人还在屋子里藏匿着,警方无从知其真实目的。为了防止犯罪嫌疑人走极端,从窗户跳下逃生,警方决定动用消防部门,利用消防气垫,保护犯罪嫌疑人的生命安全。

接到调度命令后,开发区消防大队特勤中队的消防员,立即携带救援器材,火速赶到现场。消防员一到现场,就从车内将气垫等装备取出。消防员在现场看到,犯罪嫌疑人藏在该楼的 4 楼,距离地面有十几米高,如果犯罪嫌疑人从窗户跳下,性命肯定不保。险情就是命令,消防员迅速展开气垫,在不到 2 分钟内,将救命的气垫展开。这时是 17 时 10 分。

气垫铺设完毕后,10 名特警队员也准备开始行动。17 时 15 分,4 名特警队员站在楼顶上,将一条条绳索放下。一切准备就绪后,4 名特警队员从该栋楼的楼顶前后分别沿绳下滑,从天而降。1 分钟内,4 楼的几扇窗户已经被特警队员牢牢锁定。同时,其他几名特警队员已经持枪占据了附近的小高地,准备随时应付突发情况。警方在犯罪嫌疑人表示投降后采取这样的行动,是为了防止犯罪嫌疑人使诈,同时也是为了保护犯罪嫌疑人的生命安全。在抓捕现场,围观群众将 43 栋楼周围的道路堵得水泄不通,都在观看民警与 3 名犯罪嫌疑人的对峙。

特警在攻门时,发现犯罪嫌疑人已将门锁弄坏,屋内的人根本出不来。为了方便抓捕,消防员拿来切割设备,现场切割。很快,402 室的门被切割机切开。17 点 40 分,扬州市副市长、公安局局长王少鹏一声令下,特警和民警按照预定方案,以极快的速度冲进了屋子里,以迅雷不及掩耳之势,将 3 名犯罪嫌疑人死死摁在地上,并迅速上铐。特警队员两人一组,将 3 名犯罪嫌疑人押上等候多时的警车。

三、谋略解析

扬州警方采用人性化抓捕手段,从谈判、准备到抓捕整个过程,警方都考虑到现场群众和犯罪嫌疑人的人身安全,以稳妥可靠的方式彰显出人性化执法的理念，体现了"慎战"思想。

（一）先礼后兵，先谈后打，"非危不战"

在本案中，面对已经被牢牢围困在室内的犯罪嫌疑人，扬州警方并未急于求成，一味强攻。考虑到犯罪嫌疑人所在地为居民楼，为防止发生犯罪嫌疑人狗急跳墙和其他意外，警方立足于先礼后兵、先谈后打，力争达成"不战而屈人之兵"。警方首先选用第一套"和平劝降"方案，出动谈判专家。虽然经过5个多小时的谈判交涉，效果较差，但是，当特警队员到达现场后，依托特警强大的威慑气场，谈判专家再次展开心理攻势，终于取得成效，3名犯罪嫌疑人决定向警方投降。由此可见，谈判的效果有时是隐性、慢效的，有点像中药，只要坚持，再配合强大的威慑，谈判就会起一定作用。

（二）以人为本，确保安全，"非得不战"

执法作战，不仅仅是打击违法犯罪，更要体现合法与理性，始终坚持依法施策，力保安全的战术原则。在执法过程中无论是警方出现伤亡，还是人民群众出现伤亡，或是武力使用不当造成犯罪嫌疑人合法权益受到侵害，都是不"得"的表现，不能算作胜利。在本案中，警方以人为本，做到万无一失，力保民警、群众和犯罪嫌疑人的安全。一是在到达现场后，将目标所在的整栋楼的居民疏散；二是在犯罪嫌疑人表示向警方投降时，现场指挥员没有头脑发热，忘乎所以地让抓捕民警贸然进入屋内"危险地带"摘取"胜利果实"，而是谨慎理性，周密安排，防止犯罪嫌疑人诈降而导致民警遭遇不测；三是铺设消防气垫，保护犯罪嫌疑人的生命安全，赢得了民心和口碑，展示了文明之师、威武之师的良好形象。

（三）快速破门，果断控制，辅以"修功"

在城市中心地带展开缉捕战斗，在力保安全的前提下，要力争速战速决，干净利落，不留后患。现场指挥员本着对人民和民警安全高度负责的态度，在战术上毫不松懈，不因犯罪嫌疑人表示投降而放松警惕或降低行动保障。在犯罪嫌疑人将大门防盗锁弄坏，无法自行出门受降的情况下，利用切割机快速破门，以优势警力一招制敌，将假老虎、死老虎当真老虎来打，既有硬实力，又有软实力，更有巧实力，成功制伏了犯罪嫌疑人。与此同时，一切的行动都在周围群众的见证下完成，用强有力的行动证实了公安机关人性执法的理念，同时也见证了多种力量配合默契、技战术水平高超的一面。实战能力是最好的宣传，更是"修功"的最好体现。

  小结：慎战思想是孙子在洞察战争、思考战争之利弊后得出的重要思想，它重战而慎战，修功而不黩武，也体现了其人本的一面。警察是执法队与工作队，既承担着打击犯罪嫌疑人的作战任务，也承担着群众工作的"修功"任务，因此，慎战思想就是要求警察灵活地把握好慎战之"非危""非得""非利"的界限，平时注重"修功"，才能更为有效地维护社会稳定。当然，这也是我们研究孙子慎战思想的根本所在。

专题十二
间论及其在警务执法实战中的应用

"微哉！微哉！无所不用间也。"

一、间论的含义

间，即间谍，现代汉语称之为谍报人员、情报人员，也就是从事情报工作的人的总称。孙子在2500多年前就对这一问题进行过深入的思考与论述，形成了《用间》这一军事情报理论。当然，孙子的情报思想远不止这些，只是在这一节中相对集中地进行了论述，之前的内容也有所涉及。因此，我们将全文作为一个整体来考察，全面研究孙子"用间"的思想，在此，我们称之为孙子"间论"。孙子的情报思想，既是其整体军事思想的有机组成部分，也是一个相对完整的体系。在全书之中，它占有突出而重要的地位。

在这一篇中，短短500余字，却系统地将用间的作用与意义、情报的收集、间的类型、用间的方法，以及间的选择、考察、任命和管理等分别进行了论述，可以说言简而意赅。下面我们进一步介绍。

孙子认为军事是三军行动之所"恃"，并进一步提出："知彼知己，百战不殆；……每战必殆。"这说明掌握情报和信息直接与战争的胜负联系在一起；并从另一个角度说，如果在战争中不愿付出代价，通过行间等办法去获取情报，即"爱爵禄百金，不知敌之情者，不仁之至也，非人之将也，非主之佐也，非胜之主也"。因为缺乏情报，一切战争努力，包括人力、物力消耗和生命牺牲，均会付之东流。

二、间论的主要内容

从现代情报学的角度来看,《孙子兵法》中所提出的情报思想,我们可以将之划分为情报收集思想、情报内容的要求、情报的整理与研判、情报的保密、情报人员的使用。

(一) 情报收集思想

孙子强调情报收集依靠人。在当时社会条件相对较为落后的情况下,孙子立足现实,提出了情报的主要来源是人。他指出,"故明君贤将,所以动而胜人,成功出于众者,先知也。先知者,不可取于鬼神,不可象于事,不可验于度,必取于人,知敌之情者也"。在孙子眼里,最了解敌情的人是和敌人接触最多的人,所以他高度重视用间,并将其看作是获取敌情的可靠途径之一,是部队有目的、有计划行动,"动而胜人"的前提。

孙子以先秦兵家所特有的实用理性提出"必取于人"的思想,只把人作为情报的唯一来源。其实在《孙子兵法》中,人不仅是情报收集的唯一主体,在情报工作的整个过程中,人都是作为唯一的主体而存在的。

随着时代与技术的发展,情报来源多元化成为不可逆转的事实,但人依然占据着情报工作中的主体地位。

(二) 情报内容的要求

情报的内容是作战指挥的依据,它决定着力量的运用与作战的成败,因此,孙子对情报的掌握情况也十分重视,提出了"知"胜。

1. 先知

"故明君贤将,所以动而胜人,成功出于众者,先知也。""先知"就是指取得情报的时效性问题,即在军事行动前就须预先掌握有关情报,采取积极的应对措施,进而认识军事发展规律,对军事行动结果做出预测。所以,在孙子看来,"先知"是情报工作的一个重要方面,是取得作战主动权的重要因素。

2. 尽知

"故不尽知用兵之害者,则不能尽知用兵之利也。""尽知"是从情报的广泛性与全面性上来讲的，因为战争不仅仅是军事力量之间的对抗，更是国家间综合国力的较量；不仅"日费千金"，更有"不得操事者七十余万家"。每一个因素都会影响到战争的结局，情报内容的广泛性需要情报收集的方式也必须是多种的，所以孙子发出了"无所不用间也"的感慨。"尽知"又包含两层含义，即是指对有关战争的变化规律、重大情况和发展趋向等，都应了解和掌握，其中主要包括"知道"和"知情"。

"知道"是指了解战争规律。如"故知胜有五：知可以战不可以战者胜，识众寡之用者胜，上下同欲者胜，以虞待不虞者胜，将能而君不御者胜"。其中体现了力量要素、智能要素、精神要素（气势）、指挥要素等相互影响而形成的作战规律对作战的影响。

"知情"是指对有关战争现实情况的掌握，其中包括知彼知己，知天知地，知利知害，知胜知败，等等。关于知情的问题，我们在"先胜论及其在警务实战中的应用"专题中有较为详尽的论述，在此不再赘述。

3. 真知

真知是从情报的深度或者价值上而言的。真知是建立在"先知"与"尽知"基础之上的，其核心就是明辨真假，善于透过现象抓本质，防止被表面现象和假象所迷惑，并能从假象中发现对方的真实企图，如"处军相敌三十二法""非微妙不能得间之实"等，具体内容在下文重点展开。

（三）情报的整理与研判

情报的整理就是将搜集到的情报信息去伪存真，去粗取精，分类归档的过程。孙子充分运用唯物辩证法，对收集到的情报如何整理与研判进行了充分的论述。这是一次情报转化为二次情报的关键一步，其思想主要有：

1. 透过现象看本质

搜集的情报必然会存在着大量的真假混杂的情报，特别是通过观察对方的各种表象而获取的情报，往往存在着隐真示假的情况，也存在着由于作战力量内部的某些本质的原因而导致作战力量或对方表现出来的各种现象，所以才有"处军相敌三十二法"。不论是何种假象或某种现象，其中必然存在着产生这种现象的本质。孙子兵法中的情报整理思想中，就蕴含着透过现象看本质的严密的逻辑推理的过程，"无约而请和者，谋也""辞卑而益备者，进也""汲而先饮者，渴也"等都充分地证明了孙子的洞察力与判断力。

2. 透过细微看真伪

"非微妙不能得间之实",指进行情报整理,就是要运用辩证思维,加上作战经验的积累,在看似不可能中发现可能,从表面的正常中找出实质的不同之处。孙子所言的"五间俱起"也是一种识别情报真伪的方法,即把通过各种相对独立而又不同的途径收集到的情报结合在一起进行比较鉴别。

(四)情报的保密

情报保密是同情报收集相对应的一个内容,但它和情报收集都是情报工作中至关重要的部分。"形兵之极,至于无形……"战争准备阶段,孙子还强调要对我方的军事行动来回保密,即"运兵计谋,为不可测。""政举之日"要"夷关折符,无通其使",防止情报外泄。在军队内部,"静以幽",对士兵"能愚士卒之耳目……"。这种做法虽然带有愚民色彩,但作为一项军事行动,出于保密的需要,在一定程度上说,这是必要的。但是,通过愚民的手段而管理作战力量,僵化战斗人员的思想以达到表面上的稳定,实质上的危险则是不可取的,应当区别对待,不能一概而论。

(五)情报人员的使用

第一,"爱爵禄百金,不知敌之情者,不仁之至也。"首先,对于用间,孙子在其兵法中提出,"爱爵禄百金,不知敌之情者,不仁之至也。"也就是从物质保障与精神激励上来满足"间"进行生活与活动所需要的物质条件。虽然在一定程度上而言,间谍活动所消耗的金钱相当大,但是相对于战争的损耗来说不过九牛之一毛,其所取得的利益又远远超过消费,所以用间必须从物质上给其充分的保障。从管理学的角度来看,这也是马斯洛需求层次的第一等级,也是最低需求。其次,对于用间来说,孙子还认为应从荣誉上给其满足,即给其"爵禄"。从管理学角度来看,这是马斯洛需求层次的最高等级,即价值的自我实现。所以,用间需要给"间"以物质与心理上的需求是第一位的,也是最为根本的条件。

第二,"三军之事,莫亲于间,赏莫厚于间"。上智为间,这是对用间人选的要求,但是作为"间",不仅仅需要物质上、心理上的满足,更需要得到用间者的信任,方能激发其动力以获取更多的情报。所以孙子进一步提出"三军之事,莫亲于间,赏莫厚于间"。当然,对于信任这一问题,我们应从辩证的角度来看,不能凡"间"之言皆采纳,也不能对"间"冒着生命危险获取的情报置之不理。所以在用间上,一定程度的信任是必需的,而不是绝对的单方面的信任,"择其实者而用之,择其不实者而去之"才是至理。

上智为间,可以从三个方面来概括,一是上智是确保情报信息工作得以高效开展的根本与保障。间谍需要有上智,即为人聪明、反应机敏、头脑冷静。从当今的技术与形势来看,"先进的情报技术有待'上智'给予开发与利用","精准的情报信息有赖'上智'进行识别与研判","情报优势向决策优势的转变需要借助'上智'的力量"[①]。弱智者、中智者皆不是最佳人选。二是作为间谍的使用者需要有上智,就是具有高超的洞察能力、分析思辨能力与过人的人格魅力,能够驾驭上智之间。三是具有高明的用间方法,正如前文所说,从物质、心理、精神等方面出发,满足其个人的需求,同时也能从情报获取的大局出发,获取情报信息。

第三,对"间"要警惕,防止其被收买或利用。上文已经提到,对于用间,"间"之言不能全听,也不能不听,要有条件地作出科学的选择。因此,用间者必须要警惕,防止"间"被收买或利用。特别是如今边境斗争形势日趋激烈,双面间谍大量存在,即使对经过考察与选择后的"间",也要提高警惕。所以孙子得出"非圣智不能用间,非仁义不能使间,非微妙不能得间之实",这正是孙子对用间者提出的要求及其必备的素质,也是使间时必须考虑的一个非常重要的问题。

三、间论在警务实战中的运用

《孙子兵法》提出了用间之五法,也可以说把用间从类型上分为五类,对应警务实战,可以通过表3来表示其相对应的关系。

表3 孙子"五间"与警务实战的对应关系表

乡间	因其乡人而用之	开展群众联防与防控犯罪的人民战争
内间	因其官人而用之	利用犯罪嫌疑人内部的具有一定地位的人为间
反间	因其敌间而用之	利用犯罪嫌疑人派遣的情报人员为警察的情报人员

[①] 纪洪波.名家论孙子——滨州学院学报孙子研究集萃(一)[M].北京:军事科学出版社,2009.

续表

死间	为诳事于外，令吾闻知之而传于敌间也	情非得已时的最后选择
生间	反报也	派遣我方上智者打入对方以安全回来报告情报

（一）乡间——维护社会稳定、打击犯罪的人民战争

乡间，即"因其乡人而用之"。孙子提出，在对敌作战时，要发展对方的平民作为情报来源。在警务实战中，乡间的运用主要是通过对广大人民群众的教育与发动，展开轰轰烈烈的打击违法犯罪的人民战争。《鬼谷子》中也指出："以天下之目视之，则无不见；以天下之耳闻之，则无不知。"这正是说明人民情报源是取之不尽用之不竭的巨大资源。另外，广泛发动人民群众，警民共防，物色并建立广泛的人民群众情报网络，培养人民群众维护社会稳定与安居乐业的意识与自觉性，及时将社区存在的可疑情况或犯罪活动第一时间向警察通报，从广度与深度上提高警察对辖区相关情况的感知能力，建立起"家家是哨所，人人是哨兵"的群众情报网络，可以极大地提高警察的情报获取能力。当然，群众也是获取犯罪嫌疑人情报的一支重要的作战力量，对于有效发现、预防、控制与打击各种犯罪活动具有重要的意义。内蒙古某地区2005年发生的"9·16恶性杀人事件"就是在派出所警官物色的耳目及群众的举报等情报中才得以破获的。同样，云南边境地区也动员边境村寨建立禁毒组织，掀起了轰轰烈烈的禁毒人民战争。这些都是孙子乡间思想的继承与发展后进行创造性的应用实例。

（二）内间——利用犯罪嫌疑人内部的具有一定地位的人为间

孙子曰："内间者，因其官人而用之。"在警务实战中，内间的运用主要表现为利用犯罪嫌疑人内部的具有一定地位的人为"间"。一般而言，犯罪集团或团伙内部的核心成员都是罪刑较重的人，一旦被抓获，则难逃法律的严厉制裁，所以作为核心成员的犯罪嫌疑人很少愿意为警察利用。但也不尽然，虽然核心成员难以利用，但一些相对犯罪较轻、愿意减轻罪刑者，可以通过"破案留根"与集中进行法律及思想教育等方式，使其成为警察在犯罪团伙中的内间者，将其置于警察的控制之下，使其为警察服务。

当然，对于获取核心情报而言，非通过核心成员而不能知。客观地说，犯罪团伙内部也并非铁板一块，更确切地说，犯罪团伙是一种完全以利益为核心的利益共同体，成员彼此之间也会因为利益而存在种种矛盾，再加之警察对辖区各种犯罪采取严打的高压态势，很多人内外受困，也为警察利用之创造了极为有利的心理与环境条件。对于这些成员，这就需要警察采取间接手段，通过相对层级较低、犯罪较轻的成员与核心成员之间的接触来间接获取核心情报。在一定程度上看，这也是间接地将犯罪团伙领导层发展为内间者。但是，这一过程可能需要的时间较长，需要通过反复的考验与观察，取得"上级"的信任绝非朝夕之事，要有持久战的心理准备，急功近利不但欲速则不达，甚至会引起"上级"的怀疑，进而带来不必要的危险与损失。

（三）反间——利用犯罪嫌疑人派遣的情报人员为警察的情报人员

反间，即"因其敌间而用之"。孙子提出，在对敌作战时，情报的收集还可以利用对方派遣的间谍。在警务实战中，犯罪嫌疑人为取得主动权，常常派遣大量的爪牙对警务执法行动情况进行情报收集，以逃避打击，特别是大规模集团犯罪、走私、偷渡与贩毒活动，犯罪嫌疑人的情报活动尤其频繁。许多马仔为走私、偷渡与贩毒活动充当着情报收集的工作。当然，于警察而言，许多潜在的犯罪嫌疑人或已经处于犯罪状态的犯罪嫌疑人是有档案记录的，也有一些并不在警察的掌控范围之内，利用好犯罪团伙内为之提供情报的马仔，使其为警方服务，则无论是从情报获取的成功率上，还是从保护警察作战人员的安全性上，都无疑具有无可比拟的优越性。但是，其中也存在着一些风险，情报的可靠性还需要通过其他途径进行强有力的验证。

从当前的形势来看，以反间的手段，利用犯罪嫌疑人派遣的情报人员为警察提供情报，节省人力、物力、财力，同时又可以降低警察打入犯罪团伙内部的风险性。但是，从近些年的情况来看，物色与培养这样的特情人员，也具有很大的难度，双面"间谍"与临阵"反水"的现象大量存在。因此，对于这样的"反间"，在任用前，需要经过极为严格的考核，根据担任反情任务的犯罪嫌疑人的犯罪情节与悔罪表现及性格特征，以"抓把柄""破案留根""说服教育以感化"以及其他合法的必要措施等多种方式物色、培养、控制与利用之，使其专心为警察的情报工作服务，防止因情报失真而造成不必要的人员伤害。2007年3月25日发生在云南的"3·25事件"就以警察3死3伤的惨痛教训教育我们，反间的利用务必谨慎，提供情报的耳目也可能会为赚取更多的利益向双方出卖情报，不可不防，否则后果不堪设想。

（四）死间——情非得已的最后选择

"死间者，为诳事于外，令吾间知之，而传于敌间也。"警察作为一支执法性力量，保护自身安全是进行执法战斗的前提，也是警察十分重视的一项工作。随着时代的发展，"以人为本"理念的深入，平安执法已经成为执法工作的新理念。当然，作为一支具有武装执法的力量，打击犯罪活动中的危险是客观存在的，也是不可避免的。特别是情报工作人员，无时无刻不处于危险之中。一旦耳目泄密或反水，打入犯罪团伙的人或情报人员将会有生命危险。当然，在时间与条件允许的时候，打入犯罪团伙的情报人员应灵活应变，搞乱事态，以争取机会，公安机关也应及时采取有效措施确保情报人员安全撤出并给其以必要的安全保护。但如果条件不具备，情非得已之时，则应以国家与人民的利益为重，作出合理的选择。

当然，作为执法力量，本着对警务人员负责的态度，严禁采取冒险的死间行为，特别是在已经预知结果的条件下的死间行为。

（五）生间——派遣我方上智者打入对方以安全回来报告情报

"生间者，反报也。"即派遣我方上智者打入对方以安全回来报告情报。相比于乡间与反间，生间一般是以警察内部人员作为情报人员而获得情报的，因此其专业性要比乡间强得多，其可靠性比反间也要强得多。所以"对于警察来说，生间应用的最多，打击犯罪活动的效果也最为明显。当然，生间的培养与应用，并非一般人能够胜任，非"上智"者，不足以担此重任。

所谓上智者，就是具备特定的知识、技能的人，具体是指：

1. 具备广博的社会知识

不同地区的犯罪活动，有其独有的特征，如沿边沿海地区是少数民族聚居区，涉及社会、宗教及民族习惯等的问题较多，而边境地区的犯罪嫌疑人，又多是常年盘踞在边境地区，甚至就是当地的边民从事各种犯罪活动从中盈利，所以，没有相当的社会知识是非常容易暴露的。不同行业的犯罪也具有其行业的特征。如团伙式贩毒，其交流一般会产生很多"暗语"，这些"暗语"

是行业内人员必备的交流基础，不知道的人很容易被察觉，进而造成危险。因此，生间需要有非常广博的社会知识。

2. 具备相当的化妆表演技能和相当的犯罪活动知识

生间一般以卧底的形式打入犯罪组织的内部以取得相关情报。而卧底又是一种非常危险的侦查活动，一旦暴露，往往会有生命危险。出于工作及完成任务的需要，也是出于安全的考虑，选定的生间需要具备化妆与表演的技能，能够在不同的场合以不同的身份出现，并装什么像什么，具备与犯罪嫌疑人语言、形态及衣着等方面的相同特征，从外表掩饰警察特征，为完成任务提供方便。

3. 具备沉着冷静、随机应变的能力

对于较大的违法犯罪活动而言，特别是贩毒、走私等活动，犯罪嫌疑人往往非常机敏，也非常多疑，色诱、威吓、指派特殊任务及派人监视等试探与考验无时不存在。沉着冷静、随机应变的能力成为深入犯罪组织内部进行情报活动并能得以生存及取得重要情报最为关键的能力，也是完成如此艰巨任务必不可少的能力。

云南警方的某侦查员在犯罪团伙中卧底 8 年，曾多次遇到过威胁及诱惑的考验，都机智地化险为夷，为侦破重、特大案件发挥了巨大的作用。这种甘愿牺牲及应变的能力就是上智者为间在警务实战中优秀的典型代表。

四、情报搜集认识的误区

现代社会，科学技术日益发达，获取情报的手段日益先进与多样，从天上的卫星、地上的监听监控，再到神秘莫测的"hacker"所进行的"暗战"空间，情报的搜集与获取可谓无孔不入，正所谓"无所不用间也"。技术的突破与进步，使有些人开始忽视人力情报即"间"的重要性与必要性，甚至对之产生怀疑，这是不够科学的，甚至也是很危险的。

"情报的核心是人类的思想，而帮助人类思想存在的第一个载体即是人脑，因此，人脑是人体情报源的第一来源。"[①]科学技术再发达，所能获取的资料再多，也只能是成形的东西，也只能知道对方有什么、具备了什么条件

---

① 靳娟娟. 公安边防情报学理论与方法研究［M］. 北京：中国人民公安大学出版社，2004.

与什么能力,其余的无从知晓。而人力情报即"间",不仅可以知道对方有什么,具备了什么条件和能力,更能通过一定的接触、交往与观察,把握对方的思想与行为方式、规律,进而得知其活动企图。更为重要的是,通过"间"对对方思想企图的把握,更能预知其较长时期的活动方式,以便未雨绸缪,采取较为积极的有效应对策略。这些都是技术情报无可比拟的,也是无法替代的。在一定程度而言,企图决定着能力的发挥度与发挥方向,意图的转变甚至会让结果截然相反,因而在做情报分析与积极应对方面,对方企图及其未来的预测更具有实践价值。

因此,我们需要走出这个误区,用辩证的观点看待人力情报与技术情报:人力情报是必要的,技术情报是重要的,两者不可失之以衡而走向极端。平衡之使其各取所长,相互印证,进而使情报更加准确,更具价值,这是继承发展孙子情报思想的意义与价值所在。

五、经典案例与解析

"3·29"云南运输毒品案

一、基本情况

2017年4月16日13时,保山市公安局联合专案组在保山市潞江镇赛格小学旁破获一起毒品案,抓获犯罪嫌疑人阿荣、阿助、阿祥、阿成、阿升5人,查获海洛因可疑物62块。

二、战斗经过

2017年3月27日,云南保山警方曼海桥检查站在赛格岔路口开展公开查缉,当日执勤点天气反复降雨。当天23时许,一辆从小平田方向驶来的云N车牌白色起亚K5轿车在执勤现场前突然减速,执勤人员在示意该车靠边接受检查时,发现该车驾驶员阿荣正在拨打电话。经盘问检查,阿荣不能明确说明出行目的,也不能说明拨打何人的电话,执勤人员认为阿荣有贩毒探路的嫌疑。当执勤人员正在对该车进行检查时,公路后面一辆微型车上的老百姓向执勤人员报告执勤点后面不远处的地方(赛格往小平田方向)还有一辆云N牌照的红色轿车。因阿荣在驶入检查现场时电话已经拨通,现场执勤人员分析认为后面的红色轿车极有可能为该车的同伙,于是执勤人员立即开车沿六曼公路向小平田方向追击,追击约5公里后未发现该红色轿车。执勤人员返回到丙闷村大榕树路口处附近时,发现一辆牌照为云N的红色轿车。执勤人员立即将该车拦下进行检查,驾驶员叫阿波,坐在副驾驶位置的男子叫阿助,坐在后排座位的男子叫阿成,3人均为芒市勐嘎人,且3人说从六库做客回来准备返回芒市。执勤人员与赛格查缉点核实后显示在该时段内没有发现牌照为云N的红色轿车从赛格执勤点经过。在检查过程中,执勤人员发现阿助所坐副驾驶位置的脚垫上的手机有与阿荣通话的记录,且通话时间与对阿荣进行检查时的时间吻合,但此时阿助所坐副驾驶位置脚垫上的手机内已无电话卡。同时执勤人员发现阿助所穿衣服已被雨水淋湿,鞋子上有新鲜泥渍。经对阿助进行盘问后,其不能说明自己为何被雨淋湿及鞋子上有新鲜泥巴的原因。经检查,执勤人员在两辆车牌号云N的车内未发现违禁物品,组织警力对附近地区进行搜索,也未能找到违禁物品,于是执勤人员将4人正常放行。

2017年3月29日19时50分,保山市高黎贡山分局接到阿强报告称,2017年3月28日8时,其母亲在潞江镇芒柳村移民组白岩渡口附近自家田地发现一个黑色双肩包、一个标有"LIFANDIMAN"字样的手提包,两个包内均装有画着猪头图案的不知名的黄色块状物。接警后,高黎贡山分局迅速派出民警将两包可疑物带至保山市公安局高黎贡山分局。后经检查,从两个黑色包内查获外用黄色胶纸包裹(标有序号及"猪头"图案)海洛因可疑物62块,高黎贡山分局立即将此情况上报至保山市公安局禁毒支队。

2017年4月8日,曼海检查站查缉组在六曼公路白岩渡口执勤点开展公开查缉。当日11时30分许,执勤人员再次发现阿助、阿成、阿升3人驾驶一辆车牌为云N的银色轿车从潞江镇小平田前往赛格方向。经盘问,3人不能说出详细出行目的。经检查未发现违禁物品,曼海站将此情况上报上级单位。

2017年4月9日,村民阿强向高黎贡山公安分局报告,有3名男子(阿助、阿升、阿成)找到他家中,要求交出放在其家田地的两个黑色包,阿强回答说没有捡到,三名男子又要求阿强帮助寻找。高黎贡山分局将该情况上报保山市公安局。

据此情况,保山市公安局于2017年4月10日指定保山禁毒支队及其他禁毒单位、高黎贡山分局成立联合专案组对该案进行侦查。专案组在阿强的配合下将捡到两个黑色包的人员成功转变为市局侦查干部小明。小明扮演阿强的"明叔",外号"老明",与找黑色包的人员进行周旋联系。在联系期间,"老明"以一个吸毒人员的身份,称自己确实在阿强家地里捡到了两个黑色的包,包内有62块用黄色胶带包裹着的物品,每块上都标有猪头图样,同时也声称自己知道这些东西就是毒品海洛因。对方确定黑色包被"老明"捡到后,多次与"老明"联系,答应给"老明"报酬,让"老明"将捡到的东西交还。经多次商量,"老明"答应以18万人民币及留下2块海洛因的报酬将毒品交还给阿助等人。

经多日内侦外查,专案组发现犯罪嫌疑人阿荣、阿助于2017年4月15日驾驶云N轿车从芒市到达小平田,犯罪嫌疑人阿升、阿成于2017年4月15日驾驶云N轿车到达小平田,犯罪嫌疑人阿祥驾驶无牌摩托车从芒市到达小平田。阿荣、阿助、阿祥到达小平田后驾驶云N轿车多次往返于小平田与赛格村,查缉组多次对这几人实施检查均未发现违禁物品。

2017年4月16日,联合专案组见时机成熟,立即安排"老明"及"老明"表弟拿着用两个黑色包装着的外用黄色胶带包裹着的(胶带上标有序号及"猪头"图案)62块海洛因可疑物与阿助等人在保山市隆阳区潞江镇赛格小学(芒柳小学)门口附近果园交接毒品。当日13时许,专案组发现犯罪嫌疑人阿祥、阿助驾驶无牌摩托车(经查,该摩托车车牌为云N×××)到达预定地点与"老明"见面,准备与"老明"交接毒品。同时专案组发现,阿成、阿升驾驶云N尼桑轿车在赛格街附近的张贡村三岔路口等待,阿荣驾驶云N黑色别克轿车在赛格街附近六曼公路白岩渡口路口处等待。专案组安排案件侦查队的小李、小罗、小张、小陈等人对该3人进行监控,随时准备对3人进行抓捕。

当日13时5分许,阿助、阿祥对两个黑色包内的毒品可疑物进行了检查、清点,将答应给"老明"的用红白色袋子装着的18万人民币的报酬交给"老明",阿祥从一个黑色包内取出2块海洛因可疑物交给"老明"。13时10分许,阿祥准备提着毒品骑摩托车离开,外围布控侦查员立即将阿祥抓获,犯罪嫌疑人阿助见状后往路边果园的山坡逃窜,在逃跑出约50米后被成功抓获。现场查获现金人民币疑似物18叠(其中16沓为冥币、2沓为人民币)。

当日13时10分许,联合专案组全面收网,专案组人员在六曼公路白岩渡口处抓获驾驶云N黑色别克轿车的嫌疑人阿荣,从其驾驶的云N轿车内查获冥币1袋；在张贡村路口的云N尼桑轿车旁边抓获嫌疑人阿成、阿升。至此，该团伙运输毒品案成功告破。

三、谋略解析

（一）"乡间"发力，主动引导侦查

在该案中，作为"乡间"，人民群众发挥了极其重要的作用。在我方发现可疑车辆但又无相关证据时，老百姓及时报告了与可疑车辆相关的嫌疑信息，为警方进一步发现新线索，扩大侦查范围，打击该伙运输毒品的犯罪团伙起到了非常重要的作用。另外，毒贩在运输毒品过程中，为了逃避打击，有时会采取人毒分离的办法，将毒品放置在隐蔽地点，然后再联系买主进行接力贩卖。本案中的阿强及其母亲，在捡到可疑物品后，及时向公安机关报告情况，也为本案的成功侦破起到了"乡间"的作用。

（二）"生间"诱导，掌握贩毒证据

在本案中，虽然经过多方侦查，阿荣等5名犯罪嫌疑已经进入了警方的视线，但是由于没有充分的证据，无法对之进行有效的抓捕。为了形成证据链，固定相关证据，专案组指挥员及时利用阿强捡到的毒品，以"生间"的方式，扮成"贪婪"的阿强的"明叔"，以求利和吸毒的方式与贩毒团伙取得联系，成功地取得了阿荣等贩毒团伙的信任，并约定好交接地点进行交接。正是"明叔"以生间的方式将相关证据、情报及时传递给专案组，专案组才既获得了相应的情报，又固定了嫌疑人的证据，为有效地抓捕犯罪嫌疑团伙提供了强有力的证据支撑。

（三）指挥恰当，控制有力

在获得相关情报后，专案组全面布控，将5人全部纳入侦查范围，并指挥所属警力对分布于不同地点的5名犯罪嫌疑人分别进行监控。在阿荣与"明叔"按约定的时间与地点进行交接时，迅速下达抓捕命令，同步实施抓捕，最终成功地将5名犯罪嫌疑人全部抓获，成功破获此次大宗毒品运输案。由此可见，指挥掌控全局的能力与参战人员的执行力之强。

通过上述案件的分析，我们可以看到，许多疑难案件，特别是毒品案件的侦查与打击，对情报的依赖性非常强。再加之毒贩异常狡猾，不断变换方式方法，钻取法律规定的空子，为公安机关有效打击造成了巨大的麻烦。但"魔高一尺，道高一丈"，公安机关充分发挥"间"的作用，通过多种途径收集打击毒品犯罪的情报，再加上人民群众的主动举报与大力支持，再精明狡猾的犯罪嫌疑人也逃不出人民群众的汪洋，逃不掉法律与正义的审判。

  小结：《孙子兵法》的间论，是中国情报史上的一个内涵至为丰富的科学命题，可以说是情报理论方法的一个精练，虽然出自战国时期，当时与今日的社会经济与科技条件相差甚远，但其情报思想与理论所蕴含的深邃哲理不仅对军事和战争活动具有非常重要的指导作用，又可以应用于警务执法作战，更能应用于警察日常工作与社会管理的方方面面，对于在社会形势日趋复杂化的今天积极主动地开展各项工作具有极高的参考与借鉴价值。

参 考 文 献

[1] 小山内宏. 现代战略理论 [M]. 吉林哲学社会科学研究所,译. 长春: 吉林人民出版社,1975.

[2] 约翰·柯林斯. 大战略:原则与实践 [M]. 北京:战士出版社,1973.

[3] 毛泽东. 毛泽东选集 [M]. 北京:人民出版社,1991.

[4] 吴如嵩. 孙子兵法浅说 [M]. 北京:中国人民解放军出版社,2008.

[5] 司马迁. 史记(卷六十五)[M]. 北京:中华书局,2014.

[6] 军事科学院战争理论和战略研究部与中国孙子兵法研究会. 孙子兵法与现代战略——第七届孙子兵法国际研讨会论文集 [M]. 北京:军事科学出版社,2007.

[7] 赵海军. 孙子学通论 [M]. 北京:国防大学出版社,2000.

[8] 千艺. 活用孙子兵法与三十六计 [M]. 上海:上海大学出版社,2005.

[9] 李炳彦,孙兢. 军事谋略学 [M]. 北京:军事科学出版社,1989.

[10] 李殿仁. 孙子兵法通论 [M]. 北京:国防大学出版社,2006.

[11] 吴如嵩. 孙子兵法新论 [M]. 北京:中国人民解放军出版社,2008.

[12] 赵先强. 孙子通鉴 [M]. 北京:中国文史出版社,2005.

[13] 徐祇朋. 当代民族主义与边疆安全 [M]. 北京:民族出版社,2009.

[14] 张文斌. 不断深化爱民固边战略,大力推进社会管理工作创新 [J]. 边防研究,2010(8):25.

[15] 公安部政治部. 边境管理学 [M]. 北京:群众出版社,2007.

[16] 刘源. 《孙子兵法》与和谐世界 [J]. 军事学术 2010(11):121–124.

[17] 王勇. 警察战术学 [M]. 北京:中国人民公安大学出版社,2004.

[18] 施芝华. 曲曲折折说迂直 [J]. 东方剑,2007(5):51–54.

[19] 谭旭. 学会后发制人 [J]. 领导科学,2000(9):11.

[20] 任剑. 论现代袭击战术 [M]. 北京:国防大学出版社,2002.

［21］赵梦涵.《孙子兵法》的哲理性及其应用价值［J］.滨州学院学报，2009（5）：75-80.

［22］王保安.边防战术学［M］.北京：中国公安大学出版社，2006.

［23］丁邦宇.作战指挥学教程［M］.北京：军事科学出版社，2005.

［24］于汝波.论《孙子兵法》的战后"修功"思想及其实现途径［J］.军事历史研究，2005（1）：167.

结 束 语

《孙子兵法》内容博大而精深，其中还有更多的内容与思想精华值得在警务实战中借鉴与应用，本书仅就其部分内容与精义进行了粗浅的探析，与大方之家交流，也为从事警务实战的人员参考之用。

当然，对此问题的研究，明确的目的有两个：一是弘扬中华文化，鼓励学习借鉴前人的成果，以使之更加发扬光大，如果能以此唤起一线警务工作人员对此重视，形成对中国传统文化精髓的继承与发展的风气，则纵然辛苦也算是值得。二是为警务实战提供谋略参考，以起到抛砖引玉之作用。《孙子兵法》有着深邃的内涵，不同的人、不同的时代、不同的应用领域以不同的视角对其进行解读，都可以形成不同的谋略理念。有这样一个故事："传说，一个晴朗的月夜，著名的无藏尼要求佛教禅宗的六祖惠能讲经。六祖答曰：'我不识字，你先把经文给我读一遍，或许我能给你讲清楚。'尼姑不解：'连字都不识，怎么给我解经呢？'惠能抬手一指月亮：'看见没有，佛理好比月亮，经文如同手指，顺着手指可以看到月亮，但手指不是月亮。'"作者研究本课题不是将作者的思想与理论强加于谁，就是起到这个"手指"的作用，而究竟怎么去理解、怎么去应用与把握《孙子兵法》的内涵与精义，恐怕不是这区区十数万言所能阐述得清楚的；再用发展的眼光来把握之，应用于警务实战与国家安全领域，则更需要对《孙子兵法》有深刻的研究与体悟、对警务工作的热爱以及对警务实战的熟悉三者相统一才能真正达到，而其中的关键又在于学习、实践与体悟。

就目前来看，社会安全形势越来越复杂，智谋性对抗的特点越来越突出，对一线执法的警务人员的素质与要求也越来越高，特别是对处置种各事件的效果与谋略水平的要求尤为高。而《孙子兵法》的研究正是适应这一斗争与发展的需要而展开的。相信通过这一课题的研究，将会带动《孙子兵法》以及更多的中华民族传统智慧在现代社会的传承、发展与应用；也相信《孙子兵法》与其他中华民族传统智慧能在社会安全管控与治理领域的各方面工作中给我们以智慧的启迪，让我们能站在巨人的肩膀上不断探索、不断创新，形成具有中国特色的警务谋略理论与应用理论，用之服务于执法需要以及国家安全。